P.J. Möbius

Über die Tabes - eine Abhandlung für praktische Ärzte

P.J. Möbius

Über die Tabes - eine Abhandlung für praktische Ärzte

ISBN/EAN: 9783744612074

Hergestellt in Europa, USA, Kanada, Australien, Japan

Cover: Foto ©ninafisch / pixelio.de

Weitere Bücher finden Sie auf **www.hansebooks.com**

Ueber die Tabes.

EINE ABHANDLUNG FÜR PRAKTISCHE AERZTE

VON

DR. P. J. MÖBIUS
IN LEIPZIG.

BERLIN 1897
VERLAG VON S. KARGER
CHARITÉSTRASSE 3.

Alle Rechte, speciell das der Uebersetzung in fremde Sprachen vorbehalten.

Druck von H. Kloppel in Gernrode (Harz).

Einleitung.

Der Name Tabes dorsalis, d. i. Schwund des Rückenmarkes, stammt von Hippokrates. Dieser (oder der unter seinem Namen Schreibende) sagt in dem Buche περι νουσων: Die φϑισις νωτιας sitzt im Rückenmarke. An ihr erkranken besonders Einzellebende und Lüstlinge. Sie sind fieberlos, haben guten Appetit, aber sie schwinden dahin. Sie klagen über das Gefühl von Ameisenlaufen vom Kopfe den Rücken herab; beim Wasserlassen und beim Stuhlgange geht ihnen wässriger Samen ab, aber sie sind unfruchtbar. Ihr Schlaf wird durch schlüpfrige Träume gestört. Wenn sie gehen, besonders wenn sie rasch oder bergan gehen, bekommen sie Athemnoth und werden schwach, der Kopf wird ihnen schwer und es saust in den Ohren. Endlich stellt sich Fieber ein und das Siechthum rafft die Kranken weg.

Es ist klar, dass wir aus dieser Schilderung des Hippokrates keine Diagnose machen können, dass in ihr ebensowohl die Nervenschwäche, als die Lungenschwindsucht, als anderweite Zustände erkannt werden können. Die Aerzte haben sich dann an die hippokratische Aetiologie gehalten und haben als Tabes dorsalis besonders die Schwächezustände angesehen, die nach geschlechtlichen Ausschweifungen vorkommen können: Nervenschwäche mit Spermatorrhoe einerseits, hypochondrischen Zuständen andererseits. Ob nicht Hippokrates und die alten Aerzte überhaupt doch auch die wirkliche Tabes gekannt und zur φϑισις νωτιας gerechnet haben, ob nicht der Zusammenhang zwischen dieser und den geschlechtlichen Ausschweifungen als eine Ahnung des Zusammenhanges zwischen Syphilis und Tabes zu deuten sei, das sind Fragen, die wohl kaum entschieden werden können. Ein Unglück war die Lehre des Hippokrates insofern, als aus ihr der heute noch nicht erstorbene Glaube erwuchs, durch Onanie und zu häufigen Beischlaf könne Rückenmarkschwund entstehen und unbeabsichtigte Samen-Abgänge seien ein Zeichen von Rückenmarkskrankheit. Durch diesen Glauben haben sich Unzählige einen Theil ihres Lebens verbittert.

Die Kenntniss dessen, was wir heute Tabes nennen, ist erst in diesem Jahrhundert erworben worden. Viel später als andere Krankheiten haben die Rückenmarkskrankheiten Aufnahme in das ärztliche Wissen gefunden. Man wusste zwar aus gelegentlichen Leichenöffnungen, dass Veränderungen des Rückenmarkes, die bald als Entzündung, bald als Schwund bezeichnet wurden, vorkommen, man konnte andererseits das Bild der Paraparese und das der Paraplegie (die Ataxie wurde als Lähmung aufgefasst), aber bei der relativen Seltenheit der Krankheiten, bei ihrer Langwierigkeit, bei der Seltenheit anatomischer Untersuchungen kam man nicht vorwärts. Es ist nicht gerade schmeichelhaft für den menschlichen Scharfsinn, dass eine so merkwürdige Krankheit wie die Tabes erst seit etwa 50 Jahren als eine besondere Art erkannt worden ist. Wenn auch die Feststellung des anatomischen Befundes ihre Schwierigkeiten hatte, so wäre sie doch gar nicht nöthig gewesen, man hätte immerhin das klinische Bild erfassen können. Das Hinderniss besserer Erkenntniss ist offenbar die Meinung gewesen, dass Theoretisiren besser sei als schlichtes Beobachten. Hätten die Aerzte ihre wichtigste Aufgabe in der Erkenntniss der Wirklichkeit erblickt, so könnte die Geschichte der Medicin weniger beschämend sein. Aber vorurtheilslose Beobachtung wurde verachtet, die Köpfe waren erfüllt von Schulmeinungen, was man in alten Büchern gelesen hatte, das war wichtiger als das, was das Auge sah, und der Hochmuth trieb zu physiologischen Erklärungen mehr als zu Beschreibungen. Freilich muss man hinzufügen, dass zwar die Thatsache der späten Erkennung der überaus eigenartigen Tabes für die Schätzung der früheren menschlichen Intelligenz nachtheilig ist, dass jedoch andererseits die rasch wachsende Häufigkeit der Tabes gegen die Sitten der neueren Zeit spricht. Wir wissen jetzt, dass die Tabes Metasyphilis ist, d. h. eine Nachkrankheit der Syphilis; in eben dem Maasse, wie die Syphilis sich ausbreitet, wird die Tabes häufiger. Wir dürfen uns daher nicht allzuklug dünken, denn es ist uns jetzt leichter gemacht, die Tabes zu studiren, als den alten Aerzten.

  In Deutschland scheint man früher alle möglichen Formen von Paraplegie und Paraparese zur „Tabes dorsalis" gerechnet zu haben. Als erste Schilderungen der wirklichen Tabes werden gewöhnlich die Aufsätze von W. Horn (1827) und von Steinthal (1844) bezeichnet. Steinthal, Romberg's Schüler gab einen guten anatomischen Befund. Zweifellos hat Romberg (1851) die wesentlichen Züge der Tabes erkannt, er beschreibt den stampfenden Gang, das

Einleitung.

Schwanken beim Schliessen der Augen, das Gürtelgefühl, die reissenden Schmerzen, er erwähnt das Vorkommen von Blindheit, von Enge und Starre der Pupillen. Ausser der Romberg's ist besonders die gute Beschreibung Wunderlich's zu erwähnen.

In Frankreich ging man nicht von dem Namen „Tabes dorsalis" aus. Hier scheinen zuerst Hutin (1827), Ollivier (1824) und Cruveilhier das, was wir Tabes nennen, klinisch wie anatomisch beobachtet zu haben. Besonders Cruveilhier (1835—42) beschrieb in seinen Etudes sur la paraplégie eine 52jährige Frau mit Anästhesie der Beine, mit stolperndem Gange, mit einem schmerzlosen Knochenbruche u. s. w., bei der nach dem Tode die Hinterstränge gelblich-grau gefunden wurden, und zwar im unteren Theile des Markes die ganzen Hinterstränge, im Halsmarke nur ihre mittleren Theile. Er bezog das Ueberwiegen der sensorischen Störungen mit Recht auf die Erkrankung der Hinterstränge. Nichtsdestoweniger sehen die Franzosen in Duchenne (1858) den eigentlichen Entdecker der Krankheit. Duchenne wusste nicht viel von Anatomie, aber er war ein klinisches Genie und seine klinische Schilderung der Krankheit war so vorzüglich, dass mit ihr erst die Tabes sozusagen lebendig wurde. Er stellte die Ataxie in den Vordergrund und wählte den Namen Ataxie locomotrice für die Krankheit, jedoch hat schon Bouillaud die Ataxie von der Lähmung unterschieden. Seit Duchenne entwickelte sich in Frankreich die Lehre rasch, zunächst ohne Rücksicht auf frühere deutsche und englische Mittheilungen. Nicht selten wird in der französischen Literatur die Tabes schlechtweg Duchenne's Krankheit genannt.

In England wird die „Entdeckung" der Tabes von Gowers u. A. Todd (1847) zugeschrieben. Merkwürdigerweise handelte es sich um den Beweis eines falschen Satzes. Todd wollte darthun, dass die Hinterstränge nicht der Empfindung dienen. In manchen Fällen von motorischer Störung der Beine finde man die Hinterstränge erkrankt. Dabei sei das Wesentliche ein Mangel an Coordination ohne Lähmung. Es folgt die Beschreibung des tabischen Ganges. Anästhesie trete erst dann zur Ataxie hinzu, wenn auch die hinteren Wurzeln erkrankt seien. Weitere Mittheilungen machten J. Russell Reynolds (1855) und William Gull (1858); letzterer theilte eine Beobachtung mit Sectionsbefund mit, um Todd's Ansicht zu stützen.

So erwuchs die Kenntniss der Tabes in allen 3 Ländern mehr oder weniger selbständig. Es ist aber nicht zu leugnen, dass der Zeit nach Deutschland vorangeht, da die erste wirklich brauchbare Gesammt-Schilderung doch die Romberg's ist.

1*

4   Einleitung.

Vom Jahre 1860 an ist die Tabes sozusagen als sicheres Besitzthum der Medicin anzusehen. Der Grund war gelegt, die folgende Zeit bis auf heute ist dem Ausbau gewidmet. Im Jahre 1863 veröffentlichte Leyden eine zusammenfassende Arbeit, der später manche weiteren Beiträge folgten. Man verdankt Leyden besonders die richtige Auffassung der Ataxie als einer Wirkung der Unempfindlichkeit, ferner genaue Sensibilität-Prüfungen und zutreffende anatomische Schilderungen. Im Jahre 1863 schrieb auch Friedreich über die Erkrankung der Hinterstränge und trennte von der Tabes die nach ihm genannte Krankheit ab. Besonders wichtige Daten sind folgende: Argyll Robertson (1869) entdeckte die reflektorische Pupillenstarre. Im Jahre 1875 beschrieben Erb und Westphal die Sehnenreflexe und Westphal fand, dass bei Tabes das sog. Kniephänomen fast immer fehlt. Die gastrischen Krisen waren schon 1866 von Delamare erwähnt worden, 1868 gab Charcot eine mustergültige Beschreibung von ihnen. Später wurde bekannt, dass Gull 1858 einen Fall beobachtet hatte. Das Jahr 1868 brachte ferner die Beschreibung der Kehlkopfkrisen durch Féréol und besonders die der Arthropathien durch Charcot. Dieser erweiterte 1873 das Bild durch die Schilderung der Spontanfracturen, 1883 durch die des Tabesfusses. Dupley und Morat wiesen 1873 auf das Mal perforant bei Tabes hin. Zahlreiche Symptome, als die Urethra- und Darmkrisen, die Hautblutungen, die Clitoris-Zufälle u. s. w. gehören den letzten 20 Jahren an. Es ist nicht möglich, an dieser Stelle auch nur eine einigermaassen genügende Uebersicht über die Literatur zu geben, denn von Duchenne's Veröffentlichungen bis heute hat sich ein immer breiter werdender Strom von Tabes-Arbeiten ergossen und fast in jedem Jahre sind unsere Kenntnisse erweitert und vertieft worden. Es mögen etwa 2000 Aufsätze bis jetzt der Tabes gewidmet worden sein.*)

Eine besondere Erwähnung verdient noch die Entwickelung der anatomischen Kenntnisse. Obwohl Cruveilhier schon ein zutreffende Beschreibung des makroskopischen Befundes gegeben hatte, war doch noch viel zu thun. Viel Arbeit wurde der Vertheilung der Entartung im Rückenmarke und besonders in den Hintersträngen gewidmet, ohne dass doch eine rechte Einsicht in das Wie und Warum gewonnen worden wäre. Westphal schilderte genau die „strangförmigen Erkrankungen des Rücken-

---

*) Ich habe in Schmidts Jahrbüchern der gesammten Medicin seit dem Jahre 1879 regelmässig über die Tabes berichtet und fast alle wichtigeren Aufsätze besprochen.

markes." Charcot und Pierret glaubten den Beginn der Erkrankung in den „Bandelettes externes" gefunden zu haben. Nachdem Flechsig den Begriff der Systemerkrankung aufgestellt hatte, bezeichneten Strümpell u. A. auf Grund sorgfältiger Untersuchung beginnender Tabes die Krankheit als combinirte Systemerkrankung des Rückenmarks. Flechsig wollte in der embryonalen Gliederung der Hinterstränge eine Vorzeichnung der tabischen Entartungsfelder erkennen. Indessen hätte die blosse Untersuchung tabischer Rückenmarke kaum zum Ziele geführt. Erst dadurch, dass man theils durch Untersuchung der secundären Degeneration, theils durch Thierversuche, theils durch die neuere mikroskopische Technik den Aufbau der Hinterstränge verstehen lernte, wurde die Sache klar. Es stellte sich heraus, dass bis auf kleine Bezirke, die bei der Tabes unversehrt bleiben, die Hinterstränge nichts anderes sind, als die Fortsetzung der hinteren Wurzeln. Die Art des Eintritts der Wurzelfasern in das Mark, ihre Theilung, der Eintritt der einen Zweige die graue Masse, die Anordnung des anderen Theiles in den inneren Theilen der Hinterstränge lernte man kennen und konnte die beginnende Tabes bestimmen als Entartung der Fasern der hinteren Wurzeln. Ueber die topographische Seite haben diese Studien Aufschluss gegeben. Früher war man über die Art des Processes ins Klare gekommen. Schon Leyden u. A. hatten richtig den Schwund der Nervenfasern als das Erste aufgefasst und diese Einsicht ist mit der Zeit immer sicherer geworden, trotz der Versuche Einzelner die Erkrankung der Blutgefässe oder der Meninx als Ursprung der Krankheit zu fassen. Insofern als die Tabes bestimmte Nervenfasern, die durch die Funktion vereinigt sind, schwinden lässt, ist sie zweifellos eine systematische Erkrankung. Jedoch haben die Untersuchungen gezeigt, dass die Auffassung der Tabes als einer Erkrankung des sensorischen Systems zu eng ist. Insbesondere die Erkrankung der Augenmuskelnerven, bez. ihrer Kerne wurde als wichtige tabische Veränderung nachgewiesen. Ferner zeigten die neueren anatomischen Untersuchungen, dass ausser den Hintersträngen nicht nur bestimmte Gehirntheile, sondern auch die peripherischen Nerven mit ziemlicher Regelmässigkeit erkranken. Westphal (1878), Pierret, Dejerine, Pitres und Vaillard, Oppenheim u. A. wiesen die weite Verbreitung des tabischen Processes nach. Auch die anatomische Geschichte der Tabes ist schon so weitläufig geworden, dass eine Hervorhebung aller um sie Verdienten und eine Wiedergabe aller wichtigen Einzelfortschritte viel Raum in Anspruch nehmen würden.

Erst spät entwickelte sich die Einsicht in die Ursache der Tabes. A. Fournier und W. Erb gebührt das Hauptverdienst dabei. Ich werde später etwas näher auf den Verlauf der Angelegenheit eingehen.

Dass nicht selten bei den an progressiver Paralyse der Irren Leidenden tabische Symptome und nach dem Tode tabische Rückenmarksveränderungen gefunden werden, sowie dass zuweilen zur Tabes die progressive Paralyse hinzutritt, das weiss man längst. Türck, Baillarger, Simon, Westphal, Falret, Magnan u. A. haben sowohl die klinischen als die anatomischen Beziehungen beider Krankheiten studirt. Jedoch ist man erst neuerdings zu der Auffassung gekommen, dass eigentlich beide Krankheiten nur eine sein möchten, der Art, dass wir dann von Tabes sprechen, wenn vorwiegend die centripetalen Nervenfasern erkrankt sind, von progressiver Paralyse, wenn vorwiegend die Gehirnrinde erkrankt ist. Diese Anschauung ist keineswegs von Allen angenommen, doch halte ich sie für durchaus richtig. Beide Krankheiten haben die gleiche Ursache, denn beide sind Metasyphilis, bei beiden handelt es sich um den primären Schwund nervöser Theile. Wichtige Symptome (besonders reflectorische Pupillenstarre und Augenmuskellähmungen) sind bei beiden nahezu gleich häufig. Bei vielen Tabeskranken scheinen auch in der Gehirnrinde leichte Veränderungen vorhanden zu sein, die im Wesen denen der progr. Paralyse gleichen. Noch häufiger sind die spinalen Veränderungen (Verlust des Kniephänomens, Erkrankung der Hinterstränge) bei Paralytischen. Von diesem Standpunkte aus sollte man eigentlich eine Schilderung der Tabes allein nicht unternehmen, vielmehr die Tabes-Paralyse in ihren verschiedenen Formen zum Vorwurfe nehmen. Indessen haben die äusseren Verhältnisse, nämlich der Umstand, dass die Paralytischen in die Irrenanstalten gebracht werden, dazu geführt, dass hergebrachtermaassen die Arbeit getheilt wird, die Tabes dem Neurologen, die progressive Paralyse dem Irrenarzte zufällt. —

Endlich seien ein paar Worte über den Namen der Krankheit gesagt. Man kann zweifeln, ob es gut war, den alten Namen Tabes dorsalis hervorzusuchen. Sicherlich wäre manche Verwirrung vermieden worden, wenn die Krankheit einen neueren Namen bekommen hätte. Jetzt jedoch bestehen die damals berechtigten Bedenken nicht mehr. Der einmal gewählte Name leistet das, was er soll, eine kurze allgemein verständliche Bezeichnung zu sein. In diesem Sinne möchte es sich empfehlen, ihn noch weiter zu kürzen und von Tabes schlechtweg zu reden, was denn auch schon vielfach geschieht. Das Beiwort dorsalis ist ganz überflüssig, denn kein Mensch zweifelt mehr daran, dass Tabes unsere Krankheit ist, denkt etwa noch an die alte Tabes mesaraica. Mehr und mehr, auch im Auslande gewinnt der nichts vorwegnehmende Name Tabes an Ausbreitung. Die französische Bezeichnung ataxie locomotrice ist ganz unpassend, da sie nur ein Symptom trifft, ein Symptom, das erst ziemlich spät eintritt und bei manchen Kranken nie eintritt. Die eine Zeit lang beliebten anatomischen Bezeichnungen sind mit Recht ausser Gebrauch gesetzt worden (Sklerose oder Degeneration der Hinterstränge, Leukomyelitis posterior u. s. w.), denn sie sind zu eng, um dem anatomischen Vorgange bei der Tabes zu entsprechen, und es ist überhaupt unschicklich, dem Kliniker anatomische Bezeichnungen aufzudrängen.

Ueber die Zeichen und den Verlauf der Tabes.

So zahlreich auch die Symptome der Tabes sind, so wechselnd das Bild der Krankheit zu sein scheint, so bilden doch einige wenige Symptome den Grundstock, sie kehren immer wieder, auf ihnen ruht die Diagnose und sie können allein die Tabes ausmachen. Diese Grund-Symptome sind gewöhnlich auch die ersten und an sie denkt man, wenn man von Tabes incipiens spricht.

Die Grundsymptome sind: 1) die reflectorische Pupillenstarre, 2) die lanzinirenden Schmerzen, 3) das Schwinden des Kniephänomens, 4) die Blasenstörungen, 5) gewisse Störungen der Empfindlichkeit.

1) Die reflectorische Pupillenstarre. Auf dieses Symptom ist zuerst von Argyll Robertson hingewiesen worden, es wird daher vielfach nach ihm genannt. Es besteht darin, dass die Pupillen sich nicht verengern, wenn Licht ins Auge fällt, während sie sich bei der Convergenz rasch und kräftig verengern. Somit ist die reflectorische Pupillenstarre streng zu unterscheiden von der Pupillenstarre überhaupt, bei jener handelt es sich ausschliesslich um Fehlen der reflectorischen Verengerung, bei vollkommen guter Beweglichkeit, bei dieser um Fehlen der Beweglichkeit überhaupt. Zum Nachweise der reflectorischen Pupillenstarre genügt also niemals der Nachweis, dass die Licht-Reaction fehlt, sondern es gehört unbedingt der Nachweis guter Convergenzreaction dazu. Lichtstarre Pupillen beobachtet man bei sehr verschiedenen Krankheiten, reflectorische Pupillenstarre aber kommt nur bei Tabes und progressiver Paralyse vor. Ich sage „nur", obwohl im strengen Sinne es nicht richtig ist, denn in ganz seltenen Fällen von Herderkrankung des Gehirns, besonders bei Läsion der Vierhügelgegend, ist die reflectorische Pupillenstarre auch beobachtet worden. Aber diese Fälle sind so selten und eine Verwechselung ihrer mit der Tabes ist so wenig zu befürchten, dass man in der Praxis getrost „nur" sagen darf. Einzelne Autoren behaupten, die reflectorische Pupillenstarre gelegentlich auch bei Alkoholisten und anderen Kranken gefunden zu haben. Indessen liegt es auf der Hand, dass, wenn unter

100 Alkoholisten 1 reflectorische Pupillenstarre hat, diese viel wahrscheinlicher ein Symptom der Tabes, als ein Symptom des Alkoholismus ist. Denn wir wissen, dass die reflectorische Pupillenstarre den anderen Tabes-Zeichen um Jahre vorausgehen kann, und es ist bei der Verbreitung der Tabes anzunehmen, dass unter 100 Säufern sich auch der eine oder der andere mit beginnender Tabes finden werde. Weil die reflectorische Pupillenstarre sich nur bei Tabes findet, weil sie in der Mehrzahl der Fälle das 1. Tabes-Zeichen ist, weil sie objektiv ist und leicht nachzuweisen ist, deshalb ist sie das wichtigste Tabes-Symptom.

Man findet die reflectorische Pupillenstarre mindestens in $^3/_4$ aller Tabes-Fälle. Erb untersuchte 1880 84 Tabes-Kranke. Von ihnen hatten 59 reflectorische Pupillenstarre, 12 sehr schwache, träge unausgiebige Lichtreaction, nur 13 hatten normale Licht-Reaction. Bei späteren Untersuchungen hat man ähnliche Zahlen gefunden. In manchen Fällen von Tabes fehlt reflectorische Pupillenstarre trotz jahrelanger Dauer der Krankheit, aber tritt sie auf, so ist sie gewöhnlich von vornherein vorhanden. Sie kann, wie schon gesagt wurde, jahrelang allein bestehen. Findet man sie allein, so kann man meines Erachtens die Diagnose auf Tabes (bez. progressive Paralyse) stellen, nur muss man hinzufügen, dass die Zeit, zu der weitere Symptome erwartet werden können, sich unserer Vorhersage entzieht. Immerhin sind das Ausnahmefälle. Das Gewöhnliche ist das, dass ein Mensch mit der Klage über irgend ein Tabes-Symptom zum Arzte kommt. Dann soll das Erste sein, was dieser thut, dass er die Pupillen prüft. Findet er reflectorische Pupillenstarre, so ist die Diagnose gemacht, findet er sie nicht, so hängt das Ergebniss von der weiteren Untersuchung ab.

Die Prüfung auf reflectorische Pupillenstarre geschieht am besten so, dass man den Untersuchten in die Nähe des Fensters stellt und ihn in das Helle sehen lässt. Man stellt sich vor ihn, verdeckt mit den Händen seine Augen, die geöffnet bleiben, wartet 10—20—30 Sekunden und beobachtet, wenn man die Hände wegnimmt, ein Auge. Dann wiederholt man den Versuch und beobachtet das andere Auge. Man muss vermeiden, dass der Lichtreflex der Hornhaut die Beobachtung stört. Die Prüfung ist leichter bei hellgefärbter Iris und bei weiten Pupillen, man irrt sich um so leichter, je dunkler die Iris und je enger die Pupille ist. Kommt man bei der gewöhnlichen Prüfung nicht zu einem bestimmten Ergebnisse, so kann man die Prüfung im Dunkelzimmer wiederholen und das Licht einer hellen Lampe oder einer Lücke des Fensterladens schräg auf das Auge fallen lassen, u. U. auch eine Lupe benutzen. Natürlich muss man bei jeder Prüfung darauf achten, dass der Untersuchte in die Ferne sieht, nicht unterdessen die Accommodation verändert. Bleibt bei der Beleuchtung die Pupille unbewegt, ist also die Iris lichtstarr, so hat die Prüfung der Convergenzverengerung zu folgen. Das einfachste ist, den Untersuchten auf seine eigene Nase sehen zu lassen. Man kann ihn auch erst zum Fenster hinaus und dann in das Gesicht des Untersuchers oder auf den vorgehaltenen Finger sehen lassen. Kann der Untersuchte nicht convergiren (bei Augenmuskellähmung), so fehlt scheinbar auch die Convergenzreaction. Fehlt die letztere trotz Convergenz, so ist die Iris ganz starr, und dann wird man in der Mehrzahl der Fälle irgend eine Form der Ophthalmoplegie finden. In späteren Stadien kommen auch ohne diese ganz starre Pupillen vor, aber nicht gerade oft. Auf jeden Fall ist die vollkommene Unbeweglichkeit der Pupille ein weniger charakteristisches Zeichen als die reflectorische Pupillenstarre.

Gewöhnlich ist die reflectorische Pupillenstarre doppelseitig, in seltenen Fällen aber ist sie einseitig. Dann fehlt die Lichtreaction sowohl bei directer Beleuchtung als bei Beleuchtung des anderen Auges, während die Pupille des anderen Auges sowohl bei directer, als bei Beleuchtung des Auges mit der starren Iris reagirt, d. h. das letztere hat sowohl die directe als die „consensuelle" Reaction eingebüsst.

Als besondere Form hat man die „paradoxe Pupillenreaction" beschrieben, d. h. die scheinbare Erweiterung der Pupille durch Lichteinfall. Es handelt sich in diesen höchst seltenen Fällen um reflectorische Pupillenstarre; nimmt man die beschattende Hand weg, so bleibt zunächst die Pupille unverändert, nach einigen Sekunden aber erweitert sie sich etwas. Der wirkliche Vorgang ist dann der, dass während der Beschattung der Untersuchte die Accommodation angestrengt hat, mit dem Nachlassen dieser erweitert sich die Pupille. Die „paradoxe Reaction" ist, wie gesagt, sehr selten.

Neben der reflectorischen Pupillenstarre hat man die träge, ungenügende Lichtreaction zu unterscheiden. Dabei muss man sorgfältig beobachten, denn nicht jede schwache Reaction ist krankhaft. Es muss ein deutlicher Unterschied zwischen der Lichtreaction und der Convergenzreaction vorhanden sein. Zweifellos ist die Sache auch, wenn die träge Reaction einseitig ist. Um die feineren Unterschiede in der Pupillenreaction richtig zu beurtheilen, muss man geübt sein.

Neben der reflectorischen Pupillenstarre findet man gewöhnlich Unfähigkeit der Pupille, sich bei schmerzhaften Reizen zu erweitern. Bei Kneipen der Haut, bei einem Knall u. s. w. erweitern sich die Pupillen des Gesunden, die des TabesKranken mit reflectorischer Pupillenstarre bleiben unverändert; auch bei heftigen lanzinirenden Schmerzen behält der Tabes-Kranke gewöhnlich seine engen Pupillen. Es fehlt also bei der Tabes sowohl die reflectorische Verengerung als die reflectorische Erweiterung der Pupille. Man kann sagen: die Pupillenreflexe sind aufgehoben. Practischen Werth hat jedoch die Prüfung der reflectorischen Erweiterung kaum. Auch hat man fast nie Veranlassung, die Pupille des Tabes-Kranken mit Medikamenten zu prüfen. Atropin erweitert auch die Tabes-Pupille, aber langsamer und schwächer.

Sehr häufig ist neben fehlerhafter Reaction auch eine Abnormität der Pupillenweite vorhanden. Bei Tabes kommt am häufigsten Kleinheit der Pupillen vor: Miosis, die man als Tabes-Symptom auch spinale Miosis genannt hat. Unter 71 Tabes-Kranken Erb's mit reflectorischer Pupillenstarre hatten 37 ausgesprochene Miosis. Auf jeden Fall sind reflectorische Pupillenstarre und Miosis zwei selbständige Symptome, sie können verbunden sein, können aber auch allein vorkommen. Die Regel ist die, dass mit der Zeit die Miosis zur reflectorischen Pupillenstarre hinzutritt; Miosis ohne reflectorische Pupillenstarre kommt bei Tabes auch vor, aber nicht häufig. Der Grad der Miosis wechselt natürlich, oft sind die Pupillen ganz eng, so dass das Symptom beim ersten Blick auf den Kranken auffällt. Viel seltener ist Mydriasis, doch kommt sie auch, besonders im Anfange der Krankheit vor, und kann dann ein- oder doppelseitig sein, mit reflectorischer Pupillenstarre verbunden sein oder nicht.

Bei einseitiger Miosis oder Mydriasis kann man bei mittleren Graden zweifelhaft sein, ob die weite oder die enge Pupille krankhaft verändert sei und manchmal ist das auch nicht zu entscheiden. Es ist aber auch gleichgiltig. Die Pupillen-Differenz spielte früher in der Diagnose eine grössere Rolle als jetzt. Indessen hat sie doch grossen Werth als vorläufiges Signal sozusagen, das ohne Weiteres in die Augen fällt und zu weiterer Untersuchung auffordert. Kleine Differenzen sind nur dann von Bedeutung, wenn sie während der Beobachtung entstehen, grössere sind immer ein wichtiges Zeichen, aber auch hier ist das Maassgebende immer die Reaction.

Zuweilen ist die tabische Pupille nicht mehr kreisrund, sondern
verzogen, elliptisch oder unregelmässig verändert. Diese Deformirung ist natürlich von der durch Synechieen zu unterscheiden.

2) Die lanzinirenden Schmerzen. Dem Kranken kündigt
sich die Tabes fast immer durch Schmerzen an. Sie sind bald
schwach, bald stark, bald häufig, bald selten, fehlen aber wahrscheinlich nie ganz. Sie werden von den meisten Kranken in folgender
Weise geschildert. Der Schmerz gleicht einem Stiche oder einem elektrischen Schlage, er tritt plötzlich ein und hält kurze Zeit
an, kehrt aber nach einer Pause zurück. Die Schmerzanfälle
setzen sich wie bei der Trigeminusneuralgie aus Gruppen einzelner
Schmerzen zusammen und dauern einen Tag, eine Nacht oder
einige Tage und Nächte. Zwischen den Gruppen können Minuten
oder Stunden freier Zeit liegen. Entweder bleibt in einem Anfalle
der Ort des Schmerzes derselbe, oder der Schmerz zeigt sich bald
da, bald dort. Das Erstere scheint mir das häufigere zu sein.
Selten entspricht der Schmerz einer Nervenbahn, gewöhnlich heisst
es, er sitze im Fleische oder an einer Stelle des Fusses, etwa in
der kleinen Zehe, zuweilen wird er in ein Gelenk oder in die Haut
verlegt. Sowohl bei den tiefsitzenden als bei den oberflächlichen
Schmerzen kann die Haut über der Schmerzstelle überempfindlich
sein, so dass die Kranken jede Berührung scheuen, und diese Empfindlichkeit überdauert oft den Schmerzanfall um einige Zeit. Manche
Kranke geben auch an, der Schmerz durchfahre die Glieder in der
Längsrichtung. Tritt der Schmerz am Rumpfe auf, so stellt er
sich meist als halbseitiger, seltener als doppelseitiger Gürtelschmerz
dar, zuweilen auch sind nur bestimmte Stellen des Rückens oder
der Brust schmerzhaft. Am Kopfe kann der Schmerz der gewöhnlichen Trigeminusneuralgie sehr ähnlich sein. Neben dieser
häufigsten Form, bei der der Ausdruck lanzinirend oder blitzartig
am Platze ist, kommen seltener auch andere Schmerzen zur Beobachtung, die als schnürend, bohrend, brennend geschildert werden;
als ob der Fuss in einer eisernen Klammer läge, als ob ein spitzes
Eisen, eine glühende Kohle in das Fleisch, oder in den Knochen
gebohrt würde.

Die Stärke der Schmerzen wechselt, wie gesagt, sehr. Manche
Kranke wollen gar keine Schmerzen gehabt haben; erst wenn man
sie eindringlich fragt, sagen sie: „ach ja, ein bischen Reissen ist
dagewesen." Die Mehrzahl wohl hat alle paar Wochen oder alle
paar Monate einen Schmerzanfall. Leider giebt es aber auch nicht
wenige, die fast unausgesetzt von Schmerzen geplagt werden;

wenigstens mehr Schmerz-Tage als freie Tage haben, sodass man von einer Tabes dolorosa reden kann. Die Schmerzen können so stark werden, dass auch starke Männer sich winden und schreien. Als Gelegenheitursachen gelten oft Erkältungen, „wenn sich das Wetter ändert", zuweilen scheinen Verdauungstörungen eine Rolle zu spielen. In seltenen Fällen erscheinen an der Stelle der Schmerzen Suggillationen, die ganz so verlaufen wie ein gewöhnlicher „blauer Fleck", oder auch Gruppen von Herpes-Bläschen.

3) Das Fehlen des Kniephänomens. Dieses Zeichen hat mit der reflectorischen Pupillenstarre das gemein, dass es ein leicht nachweisbares objektives Symptom ist, aber es ist bei weitem nicht so charakteristisch, da doch jede beliebige Neuritis das Kniephänomen verschwinden lassen kann. Bei der Tabes verschwindet das Kniephänomen sehr früh und in der grossen Mehrzahl der Fälle. Doch darf man sein Fehlen nicht zur Diagnose fordern, da immerhin die Tabesfälle mit erhaltenem Kniephänomen nicht allzu selten sind, wenigstens schon charakteristische Symptome vorhanden sein können, ehe das Kniephänomen verschwindet. Man prüft das Kniephänomen am besten so, dass der sitzende Untersuchte den Fuss mit der ganzen Sohle auf den Boden stellt, so dass Ober- und Unterschenkel einen Winkel von etwa 60° bilden. Der Untersucher legt die linke Hand auf den Musculus quadriceps und führt mit dem in der rechten Hand gehaltenen Percussionhammer einen kurzen kräftigen Schlag gegen die Mitte des Ligamentum patellae. Man kann auch ein Bein über das andere schlagen lassen, oder der Untersuchte kann auf dem Tische sitzend die Unterschenkel frei herunterhängen lassen. Bei im Bette liegenden Kranken hebt man mit der untergeschobenen Linken das Knie, bis Unter- und Oberschenkel einen Winkel von 60—70° bilden. Ist die Zuckung des Quadriceps deutlich, so kann man sich mit der Untersuchung des bekleideten Beines begnügen. Scheint aber das Kniephänomen zu fehlen, so thut man doch gut, sich am entkleideten Beine der Thatsache zu versichern. Immer muss der Untersuchte seine Beinmuskeln entspannen. Dies wird erleichtert durch den sogen. Jendrassik'schen Handgriff, d. h. dadurch, dass der Patient die Finger beider Hände in einander schlägt und dann kräftig zieht, als ob er die Hände auseinanderreissen wollte. Man kann natürlich auch die Fäuste ballen, oder die Handflächen aneinander pressen lassen u. s. w. Bei Tabes-Kranken merkt der Geübte leicht, ob das Kniephänomen fehlt. Die Percussion des Kniescheibenbandes ergiebt dann

ein eigenthümlich „todtes" Gefühl, die Elasticität des Ligamentes ist verschwunden.

Das Kniephänomen pflegt bei Tabes nicht plötzlich zu verschwinden, sondern es wird vorher schwach. Untersucht man zu dieser Zeit, so findet man eine kaum wahrnehmbare Quadriceps-Zuckung, oder bei wiederholten Untersuchungen ist das Kniephänomen das eine mal nachweisbar, das andere nicht. Auch schwindet es zuweilen erst an einem Beine, oder wird nur an einem Beine schwach. Diese Differenzen sind immer verdächtig und fordern zu weiterer Untersuchung auf. Vorübergehende Steigerung des Kniephänomens mag im Beginne der Tabes auch vorkommen, jedoch selten. Man möge immer bedenken, ob bei gesteigerten Sehnenreflexen nicht progressive Paralyse mit einzelnen tabischen Symptomen besteht.

Wenn das Kniephänomen bei Tabes fehlt, so sind auch die anderen Sehnenreflexe an den Beinen erloschen. Auch die Sehnenreflexe an den Armen können schon sehr frühe fehlen, doch erlöschen sie gewöhnlich erst später. Gelegentlich kann, bei sog. Tabes descendens, das Verschwinden des Kniephänomens dem des Tricepsreflexes folgen.

4) Die Blasenstörungen. Diagnostisch sind die Blasenstörungen sehr wichtig, weil sie bei der Tabes die Regel, bei Neuritis eine höchst seltene Ausnahme sind. Aber man muss nach ihnen fragen, denn sie sind oft gering und die Kranken verschweigen sie dann. Bald handelt es sich darum, dass der Patient länger als in früherer Zeit auf den Harn warten muss, dass der Strahl schwach wird und zur Entleerung der Blase ein Mitpressen nöthig ist, bald darum, dass die Entleerung zu leicht erfolgt, dass der Patient eilen muss, um das Bedürfniss zu befriedigen, dass gelegentlich, beim Husten oder Lachen, beim plötzlichen Wechsel der Lage, im Schlafe ein wenig Urin abfliesst. Stärkere Störungen sind im Anfange der Tabes selten. Harnverhaltung und wirkliche Incontinenz kommen nur ausnahmeweise vor. In späteren Stadien freilich sind sie häufig. Zuweilen sehen die Patienten in den Blasenstörungen ihre Hauptbeschwerde, gehen deshalb zu einem Chirurgen und werden von ihm günstigenfalls als „faux urinaires" zum Nervenarzte geschickt, ungünstigenfalls örtlich behandelt.

Ueber die Häufigkeit der bisher besprochenen Zeichen hat neuerdings Leimbach ganz interessante Zahlen veröffentlicht. Sie sind an Erb's Material gewonnen. Von 400 Tabes-Kranken hatten 92 % kein Kniephänomen, 4,25 % ein krankhaft verändertes (zusammen 96,25 %), lanzinirende Schmerzen hatten 88,25 %, Blasenstörungen 80,50 %, Veränderungen der Pupillenreaction 70,25 %, Veränderungen der Pupillenweite 48,25 %. Die Tabes hatte begonnen mit lanzinirenden Schmerzen in 67 %, mit Blasenstörungen in 22,5 %. Bei 100 Tabes-Kranken, deren Leiden erst 1—2 Jahre bestand, bestanden Veränderungen der Sehnenreflexe an den Beinen in 100 %, Veränderungen der Pupillenreaction in 63 %.

5) **Störungen der Empfindlichkeit.** Unter diesem Titel begreife ich Parästhesieen und Anästhesie, sowie die davon abhängigen Störungen der Beweglichkeit.

Parästhesieen gehören oft zu den frühesten Zeichen. Besonders pflegen die Kranken über Parästhesieen in den Beinen, über das sogenannte Gürtelgefühl und über Parästhesieen im Ulnarisgebiete zu klagen. Sie sagen, es sei ihnen, als ob die Fusssohlen eingeschlafen wären, als ob sie auf Watte, auf feinem Sande gingen. Auf der Haut der Unterschenkel scheinen Ameisen zu laufen, es besteht ein eigenthümlich taubes Gefühl. Seltener ist das Gefühl des Brennens. Sehr häufig heisst es, die Füsse, oder auch Füsse und Beine seien unerträglich kalt. Zuweilen zeigen sich die Parästhesieen zuerst in der Gegend des Gesässes oder der Geschlechtstheile.

Das Gürtelgefühl zeigt sich gewöhnlich zuerst unterhalb des Nabels. Es kann im Laufe der Krankheit nach oben rücken, es kann aber auch von vornherein als Reifen um die Brust erscheinen. Nicht immer entspricht es dem ganzen Umfange des Rumpfes, es kann halbseitig sein, oder die Kranken reden von einer drückenden Platte auf der Brust oder in der Magengegend. Bald ist es ihnen, als ob wirklich ein beengender, einschnürender Gürtel umgelegt wäre, bald handelt es sich mehr um unbestimmte peinliche Empfindungen.

Die Ulnarisparästhesieen werden meist als Kribbeln oder Eingeschlafensein des 5. und des 4. Fingers bezeichnet. Manche Patienten empfinden solche Gefühle an der Ulnarisseite des Vorderarmes bis zum Ellenbogen.

Viel seltener als die bisher besprochenen sind Parästhesieen im Gesichte. Es kommt das Gefühl vor, als wäre das Gesicht mit Spinnweben überzogen, oder als läge auf der Gesichtshaut eine Maske, die spannt und drückt. Charcot hat dies eigenthümliche Symptom als „Hutchinson's Maske" bezeichnet. Ich habe es einmal als 1. Tabes-Zeichen beobachtet. Oft sind mit ihm andere Trigeminussymptome zugleich vorhanden.

Bei der Prüfung der Empfindlichkeit kann man trotz der Parästhesieen sogenannte objective Störungen der Sensibilität vermissen, in der Regel aber wird man solche finden. Für die Zwecke der Praxis genügt es vollständig, wenn man sich bei der Haut auf die Prüfung des Tastgefühles durch leise Berührung mit dem Finger oder auch mit einem kleinen Pinsel, auf die des Schmerzgefühles durch eine Nadel und auf die des Temperaturgefühles durch kalte oder warme Gegenstände beschränkt.

An den Beinen der Tabes-Kranken findet man im Anfange gewöhnlich verminderte Schmerzempfindlichkeit und geringe oder gar keine Abstumpfung der Tastempfindlichkeit. Letztere lässt sich am ehesten an der Fusssohle nachweisen. Im übrigen herrscht entschieden die Hypalgesie vor. Nadelstiche werden erst bei einer gewissen Stärke als schmerzhaft empfunden, weiterhin wird überhaupt beim Stechen kein Schmerz, sondern nur ein Druck empfunden, man kann eine Hautstelle durchstechen, ohne dass die Kranken wissen, was geschehen ist. In der Regel steigt das Gebiet der Hypalgesie mit der Zeit von den Füssen aus in die Höhe, doch findet man oft auch frühzeitig am Gesässe und in dessen Umgebung einen gewissen Grad von Anästhesie. Manchmal stellt die Hypalgesie unregelmässig begrenzte und vertheilte Flecken dar. An den Grenzen der Hypalgesie oder zwischen den hypalgischen Zonen soll man oft Hyperalgesie finden. Früher oder später tritt zur Hypalgesie auch Herabsetzung des Tastgefühls. Das Temperaturgefühl kann lange Zeit anscheinend normal sein, nur Ueberempfindlichkeit gegen Kälte ist häufig. Bei alten Tabeskranken kann man an den Beinen oder sogar am grösseren Theile des Körpers vollkommene Anästhesie finden, jedoch bleibt bei sehr vielen die Anästhesie bis zum Ende unvollständig. Am Rumpfe der Tabes-Kranken hat M. Lähr schon frühzeitig Abstumpfung der Empfindlichkeit für leichte Berührungen nachgewiesen. Sie zeigt sich gewöhnlich zuerst unterhalb der Mamma, dann an der Scapula und schliesslich bildet sie eine den Rumpf ganz umgreifende Zone. Die Symmetrie ist an der oberen Grenze deutlicher ausgesprochen als an der unteren. Das Gefühl für Schmerz scheint anfangs nicht gestört zu sein, später nimmt es ab. Auch die Temperaturempfindung bleibt lange erhalten. Greift die Anästhesie auf den Arm über, so zeigt sie sich zunächst unter der Achsel, dann an der ulnaren Seite des Arms, zuletzt an der radialen. Mit einer gewissen Selbständigkeit tritt die Anästhesie der Finger auf und erstreckt sich manchmal auf alle Finger, manchmal auf die ulnaren, manchmal auf die medianen oder auch anscheinend willkürlich auf eine bestimmte Zahl. Meist handelt es sich um Verminderung der Tastempfindlichkeit mit Hypalgesie. Am Kopfe können Theile des Trigeminusgebietes oder dieses ganz hypalgisch, hypästhetisch oder selten ganz unempfindlich werden, mit Einschluss der Schleimhäute. Stärkere Hyperäthesie ist überall selten, abgesehen von der die lanzinirenden Schmerzen begleitenden, doch kommt geringe Hyperästhesie oder Hyperalgesie gelegentlich in beschränktem Umfange vor. Recht häufig ist mit der Anästhesie die sogenannte Verlangsamung der Schmerzleitung verbunden, d. h. der Kranke fühlt den Stich nicht sogleich, sondern erst nach $^1/_2$—1—2 und mehr Sekunden. Leimbach fand diese Verzögerung der Schmerzempfindung bei 36,50 % der Tabes-Kranken. Manchmal besteht eine sogenannte Doppelempfindung, d. h. der Kranke empfindet den Stich als Berührung und erst nach einiger Zeit als Schmerz. Gelegentlich findet man auch eine Verzögerung der Tastempfindung, so dass eine Berührung erst gar nicht, dann aber richtig wahrgenommen wird. Auch ein schmerzhaftes Nachgefühl kommt vor, d. h. der Schmerz des Stiches hält viel länger an, als man erwarten sollte, oder auch der Stich wird anfänglich nicht gefühlt, nach einiger Zeit aber klagen die Kranken über einen heftigen und nachdauernden Schmerz. Als seltene Erscheinungen hat man die Polyästhesie und die Allocheirie beschrieben. Bei jener werden statt einer Berührung 2 oder 3 gefühlt, bei dieser wird die das rechte Glied treffende Berührung links empfunden oder umgekehrt. Bei beiden Symptomen handelt es sich wahrscheinlich um eine mehr seelische Störung, um unrichtige Beurtheilung undeutlicher Wahrnehmungen.

Frühzeitiger und häufiger als die Unempfindlichkeit der Haut, aber auch schwerer nachweisbar scheint die Unempfindlichkeit der tiefen Theile zu sein. Man spricht oft von Verminderung des Muskelsinnes, in Wirklichkeit scheint es sich in erster Linie um Verminderung der Gelenkempfindungen und dann nicht nur der Muskeln, sondern auch der Sehnen zu handeln. Bei der Prüfung kann man untersuchen, ob die kleinsten Verschiebungen im Gelenke, die der Gesunde wahrnimmt, noch gefühlt werden, man kann bei geschlossenen Augen den Gliedern bestimmte Stellungen geben und diese beschreiben oder durch das symmetrische Glied nachahmen lassen, man kann vorgeschriebene Bewegungen ausführen lassen, kann durch Bewegungen Gewichte schätzen lassen u. s. f. Die einfachste und zuverlässigste Prüfung auf Störungen der Empfindlichkeit der Beine, auf die es bei der Tabes besonders ankommt, besteht darin, dass man den Patienten mit geschlossenen Augen stille stehen lässt. Sind dann seine Gelenke u. s. w. nicht normal empfindlich, so vermag er das Gleichgewicht nicht vollständig zu bewahren, er schwankt. Das Schwanken bei geschlossenen Augen oder das Zeichen Romberg's ist in der That ein wichtiges und frühes Tabes-Symptom. Leimbach fand es bei 88,75% der Kranken, bei 80% der Kranken der ersten 2 Jahre. Ist es sehr ausgeprägt, so kann der Patient sich bei verschlossenen Augen überhaupt nicht aufrecht halten, er fällt hin. Im Anfange jedoch bemerkt man Romberg's Zeichen nur, wenn man den Patienten mit ganz an einander geschlossenen Füssen stehen lässt. Je breitbeiniger, um so leichter steht der Mensch fest. Man kann auch versuchen, ob der Untersuchte bei geschlossenen Augen auf einem Fusse stehen kann, darf aber nicht vergessen, dass dies auch manchem Gesunden nicht möglich ist. Gewöhnlich bemerkt man Romberg's Zeichen schon bei der Pupillenuntersuchung. Oft haben auch schon die Kranken selbst es wahrgenommen, insofern als sie berichten, dass sie im Dunkeln unsicher seien, beim Waschen schwanken, während sie das Gesicht in das Becken tauchen.

Nimmt die Unempfindlichkeit der tiefen Theile zu, so werden die Bewegungen überhaupt unsicher. Dies nennt man die Ataxie der Tabes-Kranken. Man hat über die Ataxie viel gestritten, ob sie von der Anästhesie abhänge oder nicht. Für die Tabes scheint es mir sicher zu sein, dass hier die Ataxie nichts ist als eine Wirkung der Anästhesie, besonders der mangelhaften Gelenkempfindlichkeit, vielleicht mit Beihilfe der Parästhesieen in den tiefen Theilen. Der Vorgang ist in der Hauptsache der: der Kranke entbehrt der nothwendigen Controle seiner Bewegungen durch die Empfindungen der Gelenke u. s. w., er sucht den Mangel durch die Controle der Augen zu ersetzen, verfolgt daher seine Beine beim Gehen mit den Augen; andererseits sucht er unwillkürlich die Störung durch vermehrte Kraftanwendung auszugleichen und dadurch entstehen stossende, schleudernde Bewegungen. Um geringe Ataxie der Beine bei Tabes nachzuweisen, lässt man den Kranken theils im Stehen, theils im Liegen eine Anzahl von Bewegungen ausführen, erst mit offenen, dann mit geschlossenen Augen. Man lässt ihn geradeaus marschiren, Kehrt machen, auf einem Striche gehen, auf Kommando rasch sich niedersetzen und wieder aufstehen, eine Treppe hinabsteigen, die Kniebeugung machen. Im Liegen verräth sich grobe Ataxie schon beim einfachen Erheben eines Beines, das dann nicht stetig, sondern ruckweise und mit seitlichen Schwankungen ausgeführt wird. Feiner ist der Knie-Fersen-Versuch, d. h. man lässt das eine Knie mit der andern Ferse berühren und dann wechseln. Der Ataktische trifft das Knie nicht, oder erst nach einigen vergeblichen Versuchen. Ueblich ist auch das Beschreiben eines Kreises mit einem Fusse. Manchmal verräth sich leichte Ataxie eher bei den letztgenannten Uebungen, manchmal eher bei den Uebungen im Stehen und Gehen. Ist die Ataxie ausgeprägt, so entsteht der bekannte atactische Gang der Tabes-Kranken. Der Patient geht mit vorgebeugtem Oberkörper, um die Füsse im Auge zu behalten. Er schleudert den schreitenden Fuss nach vorn und lässt ihn dann derb zu Boden fallen, mit der Ferse aufschlagend und das Knie überstreckend. Nimmt die Ataxie noch zu, so wird der schleudernde und stampfende Gang durch Seitwärtsbewegungen gestört, die Schritte werden ungleich und schliesslich kann der Kranke gar nicht mehr gehen, weil die „lustigen Beine" in der Luft herumfahren und die zwecklosen Bewegungen überwiegen. Bei diesen hohen Graden der Ataxie pflegt auch eine starke Anästhesie vorhanden zu sein, der Patient hat über die Lage seiner Beine kein Urtheil mehr, wenn er sie nicht sieht, er „verliert seine Beine im Bett". Bekannt ist die Erzählung, dass in den von Tabes-Kranken vielbesuchten Bädern, wenn mehrere Kranke in einem Bassin baden, gelegentlich ein Bein aus dem Wasser herausgestreckt wird und niemand weiss, ob es ihm oder dem Nachbar gehört. Uebrigens ist kein festes Verhältniss zwischen der Ataxie und der Anästhesie nachzuweisen, weil eben jene die individuelle Reaction auf diese ist. Je nach der Eigenart des Patienten stellt sich die Ataxie verschieden dar, bei Weibern z. B. sieht man fast nie die schroffen Schleuderbewegungen, ihre Bewegungen sind mehr unsicher und unbeholfen. An den Armen tritt die Ataxie in der Regel erst spät auf, jedoch in einzelnen Fällen werden die Arme früher atactisch als die Beine. Zuerst werden die feineren Bewegungen erschwert: Schreiben, Nähen u. s. w. Besonders fühlen sich die Kranken beim Anziehen behindert, weil ihre Hände beim Zuknöpfen, Zubinden versagen, sobald die Augen nicht folgen können. Später können auch hier stürmische Bewegungen sich einmischen, die bei jedweder Thätigkeit stören. Sehr selten sind atactische Bewegungen der Gesichtsmuskeln, bez. Kiefermuskeln und der Zunge. Im Gegensatze zu der Ataxie bei Bewegungen, der locomotorischen Ataxie, hat man auch eine statische Ataxie beschrieben. Man meint darunter den Fall, dass auch dann Bewegungen eintreten, wenn der Kranke sich ruhig halten will, dass der Rumpf beim Sitzen wankt, das ausgestreckte Bein oder die Hand hin- und herfährt. Diese Bewegungen gehen über in die später zu erwähnenden „Spontanbewegungen" oder die Athetose der Anästhetischen. Etwas besonderes ist die statische Ataxie nicht, sondern nur der Ausdruck eines hohen Grades von Ataxie.

Wann die Ataxie bei Tabes auftritt, das ist nicht vorauszusagen; in der Regel gehen Jahre darüber hin, in anderen Fällen entwickelt sie sich schon in den ersten Jahren, ja in Ausnahmefällen kann sie zu den allerersten Symptomen gehören. In früheren Zeiten ist sie ungebührlich in den Vordergrund geschoben worden, als ob sie das Hauptsymptom der Tabes wäre. Der Krankheitname „ataxie locomotrice" drückt diese Meinung aus. Das auffallendste Symptom ist sie freilich, an ihr erkennt man die Kranken auf der Strasse, aber viele Tabes-Kranke sterben, ohne je atactisch geworden zu sein und in meiner Consiliar-Praxis überwiegen die nicht atactischen Tabes-Kranken entschieden die Atactischen. Leimbach fand 74,75 % Atactische. In 17 % der Fälle hatte die Tabes mit Ataxie der Beine begonnen, doch beruht diese Angabe offenbar nur auf der Anamnese und die Kranken wissen bekanntlich nicht immer das Richtige. Besonders ist hervorzuheben, dass, während gewöhnlich die Ataxie ganz langsam, schleichend beginnt, zuweilen sie sich acut entwickelt, derart, dass in einigen Monaten oder gar in einigen Wochen der vorher Nichtatactische gehunfähig wird. Nach einer solchen stürmischen Entwickelung kommt es fast immer zu einem Rückgange der Erscheinungen, sodass allmählich sich ein Theil der Störungen wieder verliert.

Von der Unempfindlichkeit hängen offenbar einige weitere Erscheinungen bei Tabes-Kranken ab.

Mit der Hautempfindlichkeit verändern sich die Hautreflexe. Diese sind im Anfange gewöhnlich, im Gegensatze zu den Sehnenreflexen, wohl erhalten. Erst bei stärkerer Anästhesie verschwinden sie. Der Sohlenreflex verhält sich bei Hypästhesie der Sohle verschieden. Gewöhnlich ist er einfach abgeschwächt oder er fehlt. Besteht Verzögerung der Schmerzempfindung, to tritt zuweilen erst mit dem „Au" des Kranken ein Zucken des Fusses ein, offenbar eine unwillkürliche Bewegung, die cerebraler Art ist, nicht ein spinaler Reflex. Manchmal aber begleitet den nicht gefühlten Stich eine Zuckung und dann bleibt der Fuss bei der verspäteten Empfindung ruhig, oder er zuckt noch einmal.

Wichtiger als die Wirkungen der Hautanästhesie sind die der Unempfindlichkeit der tiefen Theile. Wahrscheinlich hängt die unwillkürliche oder reflectorische Muskelspannung, die bei dem Gesunden andauernd besteht und gewöhnlich als „Tonus" bezeichnet wird, davon ab, dass das Centralorgan durch die Empfindungen, besonders durch das Gelenkgefühl richtig bedient wird. Sind die centripetalen Erregungen mangelhaft, so lässt die Muskelspannung, der Tonus nach. Als Ausdruck dieser Erscheinung ist vielleicht das Erlöschen der Sehnenreflexe aufzufassen. Oft fällt geradezu beim Betrachten und Befühlen die Schlaffheit der Muskeln der Tabes-Kranken auf. Theils von ihr, theils von Schlaffheit der Bänder, theils von der Unempfindlichkeit direct mag es abhängen, dass man bei manchen Tabes-Kranken passive Bewegungen von grosser Ausdehnung ausführen kann. Wenn man bei einem Gesunden, der auf dem Rücken liegt, das im Knie gestreckte Bein im Hüftgelenke beugt, so kommt man nicht weit, der Kranke empfindet lebhaften Schmerz und die Beuger des Unterschenkels spannen sich straff an. Bei manchen Tabes-Kranken kann man das Bein nicht nur bis zur Vertikalen erheben, sondern auch dem Rumpfe nähern, ohne wesentlichen Widerstand zu fühlen und Schmerzen zu erregen.

Zuweilen stellen sich unwillkürliche Bewegungen der schlechtempfindenden Glieder ein, die von der Ataxie unterschieden werden müssen. Man sieht z. B. gelegentlich, wie die Zehen des liegenden Kranken langsam Beuge- und Streckbewegungen ausführen, die der Kranke nicht unterdrücken kann oder gar nicht bemerkt. Oder an der ausgestreckten Hand werden einige Finger gebeugt und dann wieder gestreckt, ab- und adducirt, oder die ganze Hand hebt und senkt sich. Man bezeichnet diese und ähnliche unwillkürliche Bewegungen als Spontan-Bewegungen, oder je nach ihrem Charakter als Athetose- oder Chorea-Bewegungen.

Biernatzky hat bei vielen Tabes-Kranken bemerkt, dass ein kräftiger Druck auf den Nervus ulnaris am Ellenbogen, keinen Schmerz bewirkt, während Gesunde unter diesen Bedingungen immer Schmerz empfinden. Die Beobachtung ist mehrfach bestätigt worden.

Von französischer Seite hat man auf die Unempfindlichkeit der Hoden gegen Druck hingewiesen. Der bei Gesunden regelmässig eintretende heftige Schmerz fehlt bei Tabes-Kranken oft ganz, sodass selbst ein starker Druck keine Reaction hervorruft.

Es ist schwer zu sagen, inwieweit die Schwäche der Beine, über die die Tabes-Kranken oft klagen, von der Unempfindlichkeit abhängt. Sicher ermüden die Beine, deren Muskeln schlaff sind und deren Bewegungen nicht mehr durch ein feines Gefühl geregelt werden, rascher als sonst und gewiss ist wenigstens ein grosser Theil der Muskelschwäche, die häufig auch objectiv nachzuweisen ist, so zu erklären. In den Lehrbüchern wird gewöhnlich angegeben, die „rohe" Kraft der Tabes-Kranken sei unversehrt, die Incoordination täusche nur Schwäche vor. Das ist sicher nicht immer giltig. Bei recht vielen Tabes-Kranken sind die Bewegungen auffallend kraftlos. Mag die Erklärung der Thatsache so oder so lauten, sie selbst ist vorhanden. Auch pflegt mit der Zeit ein gewisser Grad diffusen Muskelschwundes sich zu entwickeln.

Leimbach fand Schwächegefühl und leichtes Ermüden der Beine bei 62,25% der Tabes-Kranken, bei 19,5% war Schwäche der Beine das erste Zeichen der Krankheit gewesen. — Die grosse Zahl der weiteren Tabes-Symptome ist schwer zu ordnen. Der Einfachheit wegen sei mit den Störungen der Hirnnerven begonnen.

Olfactorius-Symptome sind ziemlich selten. Es kommen besonders einerseits Verlust des Geruches, der vollständig oder unvollständig, ein- oder doppelseitig sein kann, andererseits krankhafte Geruchsempfindungen vor. Diese Hallucinationen sind immer unangenehm. Geruch nach Schwefel, Phosphor, nach faulen Fischen u. s. w. Sie können andauernd bestehen oder anfallweise auftreten, Stunden, Tage, Wochen anhalten. Ferner sind Unempfindlichkeit oder Missempfindungen der Nasenschleimhaut zu erwähnen. Manche Kranke können nicht mehr niessen, Klippel hat eine „Nasen-Krise" beschrieben. Der Kranke bekam das Gefühl von Eingeschlafensein der linken Wange und von Verstopftsein des linken Nasenloches. Dann folgten Kribbeln in der Nase und wiederholtes Niesen. Natürlich handelt es sich bei diesen Dingen nicht sowohl um Olfactorius-, als um Trigeminus-Symptome.

Eines der wichtigsten Tabes-Symptome nicht wegen seiner Häufigkeit, aber wegen seiner Bedeutung für den Betroffenen ist der Sehnerven-Schwund. Wie oft er vorkomme, darüber lauten die Angaben verschieden, Leimbach fand ihn nur bei 6.75% der Kranken, Gowers dagegen bei 15%, während aus andern Statistiken sich etwa 10% ergaben. Alle sind darüber einig, dass er sich fast immer im 1. Stadium der Krankheit entwickelt, wobei natürlich Ausnahmen vorkommen. Es scheint sogar das erste Zeichen sein zu können. In einem Falle sah ich ihn bei normalen Pupillen und normalem Kniephänomen, erst ein Jahr später traten auch Sensibilitätsstörungen auf. Nach Leimbach war es in 1,5% das erste Zeichen gewesen.

Der Augenspiegel lässt im Anfange eine Abblassung der Papille, besonders auf der Schläfenseite, erkennen, bei scharfer Umgrenzung und unveränderten Blutgefässen. Später nimmt die Papille eine weisse Farbe an, die bald etwas Grau, bald etwas Blau, bald etwas Grün zu enthalten scheint. Die Venen scheinen dann erweitert zu sein, die Arterien sehen eher etwas dünner aus. Trotz der klinischen Unterschiede ist die ophthalmoskopische Veränderung annähernd gleichmässig verbreitet. Auch ist manchmal auf beiden Augen das Bild nahezu dasselbe, obwohl die Sehfähigkeit recht verschieden ist. In seltenen Fällen ist im Anfange trotz Amblyopie nichts im Augenhintergrunde zu bemerken, treten die sichtbaren Veränderungen erst später ein. Häufiger findet der Augenarzt die letzteren schon, ehe dem Kranken die Abnahme der Sehkraft aufgefallen ist.

Die Sehnervenatrophie giebt sich kund durch Amblyopie, durch Farbenblindheit und durch Einschränkung des Gesichtsfeldes. Manche Patienten klagen über einen Nebel, der sie beim Sehen hindere, andere bemerken einfach, dass ihre Augen abnehmen. Gewöhnlich tritt die Störung zuerst an einem Auge auf, oder wird doch nur an einem Auge bemerkt. Früher oder später wird aber stets auch das andere Auge befallen, ja es ist sehr merkwürdig, dass niemals eine wirklich einseitige Sehnervenatrophie vorkommt, während doch die anderen Hirnnerven einseitig erkranken können. Oft bleibt die Differenz beider Augen Jahre lang erhalten, das eine Auge kann schon ganz blind sein, wenn das andere noch leidlich sieht. Der definitive Ausgang jedoch ist doppelseitige Blindheit. Wie viel Zeit bis zu dieser vergehen wird, das lässt sich im Anfange nicht sagen. Manchmal schreitet zuerst die Amblyopie ziemlich rasch fort, dann aber können recht beträchtliche Stillestände eintreten. Man thut gut, sich nicht zu ungünstig auszusprechen, denn nicht wenige Kranke bringen doch mehrere Jahre ganz leidlich hin. Freilich giebt es auch bösartige Fälle mit raschem Eintreten der Blindheit.

Farbenblindheit und Gesichtsfeldbeschränkung gehen nicht immer der Amblyopie parallel. Die Farbenblindheit besonders kann zuerst auftreten und eine gewisse Selbständigkeit erlangen. Zuerst pflegt Grün und Roth zu schwinden, dann Gelb und Blau. Einzelne Kranke sehen Alles grau in grau. Gewöhnlich findet man bei Amblyopie annähernd concentrische Einschränkung des Gesichtsfeldes. Es kann dieses aber auch unregelmässig begrenzt sein, sodass sozusagen Zacken ausgefressen sind. Hie und da ist bei sehr geringer Sehschärfe das Gesichtsfeld annähernd normal. In einzelnen Fällen hat man auch Hemianopsie oder Defecte, die annähernd einem Quadranten entsprachen, gefunden. Gowers meint, dass dann, da kein entsprechender Augenspiegelbefund da ist, eine Läsion des Chiasma anzunehmen sei. Jedoch kann auch eine Complication vorliegen, ein occipitaler Herd. Ein sehr seltenes Vorkommniss bei Tabes ist das centrale Scotom.

Merkwürdig ist das, dass früh eintretende Opticus-Atrophie einen scheinbar hemmenden Einfluss auf die Entwickelung der Tabes hat. Diese Thatsache ist wohl zuerst von Benedict betont worden, Gowers, Martin u. A. haben später das Gleiche gefunden. Es ist ganz unzweifelhaft, dass die Patienten mit Opticus-Atrophie oft auffallend wenig Symptome haben, wenig Schmerzen, wenig Anästhesie und daher keine Ataxie. Die letztere kommt wohl auch, aber es können bis dahin 15, ja 20 Jahre vergehen. Tritt dagegen die Opticusatrophie später ein, wenn schon Ataxie besteht, so ist von „Hemmung" nichts zu bemerken.

Ein interessantes Kapitel bilden die tabischen Augenmuskellähmungen. Zuerst ist zu bemerken, dass die Mehrzahl aller Augenmuskellähmungen bei Erwachsenen tabischer Art ist. Das ist deshalb nicht nicht genügend bekannt, weil 1) die Augenmuskellähmungen zu den ersten Symptomen gehören können, und 2) weil sie sehr oft vorübergehend sind. Fast jede Augenmuskellähmung führt den Patienten zum Arzte. Sind weiter keine auffallenden Erscheinungen da, so wird eine rheumatische oder eine syphilitische Augenmuskellähmung diagnosticirt, und verschwindet nach einigen Wochen die Lähmung wieder, so sieht dert Arzt, je nach der Therapie, seine Diagnose bestätigt. Man kann eigentlich sagen: jede Augenmuskellähmung, die ohne Schmerzen bei einem bis dahin gesunden Menschen im mittleren Lebensalter auftritt, macht die Tabes höchst wahrscheinlich. Denn die Lähmungen bei tertiärer Syphilis sind fast immer von Schmerzen begleitet, ebenso die höchst seltenen rheumatischen, d. h. auf Neuritis unbekannter Art beruhenden und die wiederkehrende Oculomotoriuslähmung. Die multiple Sclerose kann den tabischen ähnliche Lähmungen hervorrufen, ist aber doch der Tabes gegenüber sehr selten. Je früher die tabische Augenmuskellähmung auftritt, um so eher ist sie vorübergehender Art. Sie dauert 1—2 Wochen, 1—2 Monate. Ist sie aber einmal dagewesen, so ist ihre Wiederkehr nicht unwahrscheinlich und nicht selten wird schliesslich aus der vorübergehenden eine dauernde Lähmung. Die initialen Lähmungen befallen oft nur einen Muskel, am häufigsten einen Externus, manchmal den Internus oder den Levator palpebrae oder den Obliquus superior. Je mehr die Lähmung ausgebreitet ist, um so wahrscheinlicher ist es, dass sie nicht ganz wieder vergeht. Es kann jedoch auch eine fast vollständige Ophthalmoplegie wieder vollständig verschwinden. Ziemlich charakteristisch ist, dass auch bei umschriebenen Lähmungen die anderen Augenmuskeln oft Schwäche zeigen. Wenn z. B. ein Externus gelähmt ist, sieht man oft an dem anderen Externus, dass er in der Endstellung ermüdet, was sich durch kleine, sogenannte nystagmusartige Zuckungen kundgiebt. Zuweilen sieht man solche Zuckungen in allen Endstellungen, ein Vorzeichen späterer Ophthalmoplegie. Ausser der doppelseitigen Externuslähmung sieht man zuweilen doppelseitige Ptosis, und zwar leichte Ptosis, bei der nur der obere Theil der Pupille verdeckt wird. Im übrigen kommen alle Formen der Augenmuskellähmung vor: Oculomotoriuslähmung, einseitige oder doppelseitige, vollständige oder unvollständige Ophthalmoplegia externa. Die progressive Ophthalmoplegie (oder O. externa) ist die wichtigste Form der dauernden Augenmuskellähmungen bei Tabes, Hutchinson hat sie zuerst geschildert. Es handelt sich darum, dass allmählich alle äusseren Augenmuskeln gelähmt werden, die inneren aber verschont bleiben. Beide Augen werden zugleich oder nacheinander befallen, der Verlauf der asymmetrischen Erkrankung ist unregelmässig und auch am Ende sind gewöhnlich nicht alle Muskeln gleich stark betroffen. Die Pupillen pflegen dabei reflectorisch starr, oft auch verengt zu sein.

Sehr viel seltener als die Lähmung der äusseren ist die der inneren Augenmuskeln. Diese zeigt sich entweder als Ophthalmoplegia interior oder als auf den Musculus ciliaris beschränkte Lähmung. Bei jener finden wir Aufhebung der Accommodation und Starrheit der erweiterten Pupille. Rein kommt die Ophthalmoplegia interior im Beginne der Tabes vor und sie tritt dann meist einseitig auf. Findet man sie bei einem tabesfähigen Individuum, so ist der Verdacht auf beginnende Tabes in hohem Grade gerechtfertigt. Bemerkenswerth ist auch die von Fr. Müller zuerst beschriebene initiale einseitige plötzlich eintretende und vorübergehende Aufhebung der Accommodation. In den späteren Stadien der Tabes kann zu anderweiten Augenmuskellähmungen die der inneren Muskeln hinzutreten, die reflectorisch starre Pupille wird dann ganz starr, aber gewöhnlich nicht erweitert.

Die Schmerzen, die Parästhesieen, die Anästhesie im Gebiete des Trigeminus sind schon früher erwähnt worden. Es können zu den Störungen der Empfindlichkeit sogenannte trophische Störungen hinzutreten, es kann sich zu ihnen Lähmung, bezw. Schwund der Kaumuskeln gesellen. Zu den trophischen Störungen gehört besonders der tabische Zahnausfall. Den Kranken werden die Zähne locker und fallen ohne Eiterung, gewöhnlich auch ohne Schmerzen aus. Nicht selten ziehen die Patienten die wackeligen Zähne mit den Fingern aus. Eine meiner Kranken hatte so den ganzen Oberkiefer geleert und trug die anscheinend normalen Zähne in der Tasche herum. Zuweilen lösen sich auch Stücke des Alveolarrandes los. Immer wird nach dem Ausfallen der Zähne der Alveolarrand atrophisch, der Unterkiefer kann zu einer ganz dünnen Spange werden. Die sensorischen Trigeminussymptome sind bei dem Zahnausfalle bald ausgeprägt, bald sind sie gering, auf jeden Fall besteht kein directes Verhältniss zwischen der Kiefererkrankung und der Anästhesie. Bei dem einen Kranken Vallin's bestanden nur Kitzeln im Schlunde und das Gefühl einer Bleihaube auf dem Kopfe, bei dem andern waren nur die linke Gesichtshälfte unempfindlich, die linken Kaumuskeln atrophisch, obwohl die Zähne beider Seiten ausgefallen waren. Einem Kranken Dolbeau's, der so gesunde Zähne gehabt hatte, dass er „an einem Tage 150 Aprikosenkerne zerbeissen konnte", waren alle Zähne und eine Anzahl Knochenstücke ohne Schmerz aus dem Munde gefallen, hier waren die atrophischen Kiefern mit gesunder Schleimhaut überkleidet, die Kieferhöhlen waren eröffnet, sodass man mit dem Finger hineingreifen konnte; hier bestand auch eine bösartige Keratitis. Die Cornea-Nekrose, die sogenannte **Ophthalmia neuroparalytica** ist bei Tabes-Kranken sehr selten, doch kommt sie, wie der erwähnte Fall beweist, vor.

Neuerdings hat man „tabische Mundgeschwüre" beschrieben und hat sie als Mal perforant des Mundes bezeichnet. Soviel ich sehe, handelt es sich in allen Fällen um Ulcera, die sich an den Zahnausfall angeschlossen haben, und es ist wohl zu vermuthen, dass die Sequesterbildung die Ursache gewesen sei. Bei L. Wickham's Kranken z. B. war Ausfallen der Zähne vorausgegangen, der Alveolarfortsatz war zum Theile zerstört und die kranken Theile waren unempfindlich; die Sonde traf im Grunde des mit einem Walle umgebenen, von übelriechendem dünnem Eiter bedeckten Geschwüres auf cariösen Knochen. In anderen Fällen war die Kieferhöhle eröffnet. In einem Falle Letulle's hatte das Mal perforant die rechte Hälfte des Gaumensegels und ein Stück des Oberkiefers zerstört; alle Zähne des Oberkiefers fehlten. Immer war der Verlauf schmerzlos.

Als Trigeminussymptom ist vielleicht auch der tabische **Speichelfluss** zu bezeichnen. Wenigstens sind in fast allen

Fällen Trigeminussymptome angeführt: starke Gesichtschmerzen und -Parästhesieen, Zahnausfall. Der Speichelfluss, die Sialorrhöe, tritt meist in Anfällen auf, die einige Tage dauern können und während deren grosse Mengen von Speichel entleert werden können (ca. 500 g in 24 Stunden).

Die Kaumuskellähmung ist meist einseitig und es scheinen alle Kaumuskeln einer Seite betroffen zu werden. Die Muskeln schwinden, man fühlt an Stelle des Temporalis eine Grube, der Kiefer wird durch die erhaltenen Pterygoidei der anderen Seite verschoben.

Sehr selten sind Geschmackstörungen bei Tabes. Nur in vereinzelten Fällen wird berichtet, dass auf einer vorderen Zungenhälfte der Geschmack gefehlt habe (in Gegenwart anderer Trigeminussymptome), oder dass ein Kranker überhaupt ohne Geschmack, bez. mit krankhaft veränderter Geschmacksempfindung gefunden worden sei. Neuerdings hat Klippel sowohl Geschmacklosigkeit als Geschmack-Hallucinationen bei Tabes beschrieben. Es handelte sich bei den letzteren um unangenehme Wahrnehmungen, bitteren, erdigen, fauligen Geschmack. Meist trat die Hallucination vorübergehend auf, zuweilen war sie mit Speichelfluss verbunden. In einem Falle konnte Klippel deutliche Entartung des Glossopharyngeus durch die mikroskopische Untersuchung nachweisen. Wenn Anosmia besteht, klagen die Kranken natürlich auch über Geschmacklosigkeit.

Auch ist es auffallend, dass die Gesichtsmuskeln bei Tabes sehr selten betroffen werden. Zwar kommt zuweilen Facialislähmung vor, aber nicht jede Facialislähmung bei Tabes-Kranken ist tabischer Art. Ebenso kann man zweifeln, ob ein Facialiskrampf nicht eine Complication darstelle. Ich habe zweimal Tic convulsif bei Tabes-Kranken gesehen, ohne dass etwa eine Trigeminuserkrankung bestanden hätte.

Als Acusticussymptome können sowohl Gehörstörungen als Schwindelerscheinungen angesehen werden. Manche Autoren, z. B. P. Marie und G. L. Walton haben bei einem beträchtlichen Theile der von ihnen untersuchten Tabes-Kranken die sogenannten Menière'schen Symptome gefunden. Subjective Geräusche mit Schwindelerscheinungen in Anfällen. Die Geräusche wurden als Lokomotiven-Pfeifen, als Wasser-Rauschen oder -Kochen, als Glockentönen beschrieben. Die Kranken fühlten sich nach vorn oder nach der Seite getrieben, oder glaubten, gedreht zu werden, zu versinken; manche hatten auch im Bette Schwindel, glaubten herauszufallen, mit ihm gedreht zu werden. Meist bestand Schwerhörigkeit, diese war aber nicht auf Erkrankung des Hörnerven, sondern auf nichttabische Erkrankungen des Mittelohrs zu beziehen. Nach den Anschauungen anderer Autoren ist die Menière'sche Krankheit bei Tabes selten, auch ich schliesse mich dieser Meinung an. Natürlich ist nicht jeder Schwindel auf die halbzirkelförmigen Canäle zu beziehen. Oft ist Augenmuskellähmung Ursache des Schwindels. Manche Patienten bekommen Schwindel, wenn sie nach oben sehen, ohne dass an Auge oder Ohr etwas zu finden wäre. Manche Anfälle von Schwindel sind kleine epileptische Anfälle.

Erkrankung des Gehörnerven ist selten, kommt aber vor. Es handelt sich da um ein- oder doppelseitige Schwerhörigkeit, die allmählich zur vollständigen Taubheit wird. Reizerscheinungen können im Anfange bestehen, können auch fehlen.

Als Vagus-Accessorius-Symptome sind in erster Linie die Kehlkopf-Krisen und Kehlkopflähmungen zu bezeichnen. Meist kommen beide Zufälle zusammen vor, ohne doch von einander abhängig zu sein. Die gewöhnlichen Kehlkopf-Krisen gleichen etwa einem Keuchhustenanfalle. Dem Anfalle geht ein Gefühl von Stechen, Kitzeln, Würgen im Halse voraus, oder aber plötzlich überfällt der Krampfhusten den Kranken, auf eine lange tönende Einathmung folgen rasche kurze Hustenstösse, schliesslich wird wenig schaumiges Secret herausbefördert. Auch diese Anfälle sind sehr verschieden nach Dauer und Stärke. Aber ihnen stehen die noch schwereren Anfälle gegenüber, bei denen Erstickungsnoth, Bewusstlosigkeit, epileptische Anfälle den Kranken in Lebensgefahr bringen. Auf ein Brennen im Kehlkopfe folgt das Gefühl der Erstickung, der Kranke kann nicht mehr stehen, er versucht in Angst zu athmen, und es folgen tönende langgedehnte Inspirationen Bald werden auch diese unmöglich, der Kranke verliert das Bewusstsein, das bleiche Gesicht wird bläulich und es kann ein epileptischer Anfall folgen. Gewöhnlich kömmt es nicht soweit; nach einigen Minuten lässt der Glottiskrampf nach und der Kranke kommt wieder zu sich. Es scheint jedoch auch der Tod in diesen Anfällen eintreten zu können. Als besondere Form hat man den Ictus laryngeus beschrieben: auf das Warnungsgefühl im Kehlkopfe folgt sofort die Bewusstlosigkeit, der Kranke fällt einfach um, sodass das Ganze sehr an einen gewöhnlichen epileptischen Anfall erinnert. Die verschiedenen Formen des Kehlkopfanfalles können bei demselben Kranken auftreten. Er kann jahrelang an kleinen Anfällen leiden und erst später können sich die schweren Anfälle hinzugesellen. Auch die Häufigkeit der Anfälle ist sehr verschieden. Manche Patienten haben nur alle 1 oder 2 Jahre einen Anfall, andere werden von häufigen Anfällen geplagt. Diese können Reihen bilden, sodass etwa Nächtelang ein Keuchhustenanfall auf den anderen zu folgen scheint. Manchmal ist keine Veranlassung nachzuweisen, oder es scheint der Anfall durch Schlucken, durch eine rasche Körperbewegung hervorgerufen zu werden. Die Untersuchung ergiebt, abgesehen von den Kehlkopflähmungen, oft eine Ueberempfindlichkeit der Kehlkopfschleimhaut; werden die Stimmbänder mit der Sonde berührt, so tritt ein Anfall ein. In manchen Fällen hat die laryngoskopische Untersuchung gar nichts Abnormes ergeben.

In der Regel bestehen neben den Kehlkopfkrisen **Kehlkopflähmungen**, diese können sich mit der Zeit zu jenen hinzugesellen, es giebt aber auch Kehlkopflähmungen ohne Krisen. Die weitaus häufigste Form der Kehlkopflähmung bei Tabes ist die Abductorlähmung. Ist sie einseitig, so macht sie wenig Störungen; ist sie, wie gewöhnlich, doppelseitig, so tritt Athemnoth mit Röcheln oder Schnaufen ein, sobald die Kranken sich rasch bewegen, Treppen steigen u. dgl.; die Stimme bleibt frei, nur ermüden die Kranken beim Sprechen rasch. Die Untersuchung ergiebt Annäherung der Stimmbänder, ungenügende Erweiterung der Stimmritze, oft elliptische Gestalt derselben. Die Abductorlähmung scheint besonders zu schwereren Krisen zu disponiren, da bei ihr, wenn ein Krampf eintritt, leicht die Stimmenritze vollständig geschlossen wird. Die nächsthäufige Form ist die einseitige Stimmbandlähmung oder Recurrenslähmung. Hier sind die Athembeschwerden gering, die Stimme aber wird rauh, blechern, oder ganz klanglos. Am seltensten ist die totale doppelseitige Stimmbandlähmung Anästhesie des Kehlkopfes wird nur ausnahmeweise gefunden.

Die Kehlkopfstörungen gehören in der Regel zu den frühen Zeichen der Tabes. Sie sind nicht sehr häufig. Nach verschiedenen Statistiken kann man sie etwa bei 7—8 % der Tabes-Kranken erwarten. Die Angaben der Laryngologen zeigen, dass immerhin die tabischen Kehlkopflähmungen die häufigste Form der Kehlkopflähmungen sind. Im Gegensatze zu den Augenmuskellähmungen sind vorübergehende Lähmungen hier selten. Gewöhnlich sind die Kehlkopflähmungen von vornherein dauernd, wenn auch ihr Grad schwanken kann. Viel seltener als die Kehlkopfstörungen sind die von Oppenheim beschriebenen **Pharynxkrisen**. Es sind Anfälle, in denen heftige Schlingbewegungen in schneller Folge auftreten; man hört dabei ein glucksendes, gurrendes Geräusch. Der Anfall dauert mehrere Minuten bis zu einer halben Stunde, es können 24 Schlingbewegungen auf die Minute kommen. Gewöhnlich soll man durch einen Druck, der zur Seite des oberen Kehlkopfabschnittes in die Tiefe dringt, den Anfall auslösen können. Halbseitige Gaumenlähmung kommt zuweilen vor, fast immer neben anderweiten Lähmungserscheinungen, die auf die letzten 3 Hirnnerven zu beziehen sind.

Hie und da, aber sehr selten hat man auch Schwund der äusseren Accessorius-Muskeln, des Sternocleidomastoideus und des Cucullaris, bei Tabes beobachtet. Diese Erkrankung verhält sich wie der später zu besprechende peripherische Muskelschwund der Tabes-Kranken überhaupt, er ist von Entartungsreaction begleitet und ist entweder vorübergehend oder dauernd. Einmal sah ich auf den einen Cucullaris beschränkten Muskelschwund, der im Verlaufe eines Jahres wieder ganz ausgeglichen wurde.

Manche Autoren führen auch die Tachykardie der Tabes-Kranken als Vagus-Symptom an. Pulsbeschleunigung (ohne Beschwerden) ist bei Tabes nicht selten. In einem Theile der Fälle handelt es sich allerdings um die Basedow-Tachykardie. Zuweilen mag die Degeneration der grossen Arterien und des Herzens die Ursache der Tachykardie sein.

Ebenso wird die zuweilen beobachtete Angina pectoris als „Herzkrise" von Manchen dem Vagus schuld gegeben. Ich möchte vermuthen, dass es sich in den fraglichen Fällen um eine Complication gehandelt habe. Inwieweit die Magenkrisen als Vagus-Symptom zu betrachten sind, das steht dahin. Ihre Besprechung folgt weiter unten.

Der Hypoglossus endlich wird auch nicht von der Tabes verschont. Charcot, G. Ballet u. A. haben halbseitigen Schwund der Zunge beobachtet. Ich habe ihn auch einmal gesehen. Die Hemiatrophia linguae wird meist erst bei der Untersuchung gefunden, denn sie macht den Kranken keine Beschwerden, stört weder beim Sprechen, noch beim Essen. Die herausgestreckte Zunge weicht im Bogen nach der Seite der Atrophie hin ab. Die atrophische Hälfte bildet nur eine Art Anhängsel an die gesunde Seite, ist tief gefurcht. Da die Hemiatrophia linguae eine seltene Erscheinung ist, wird man ihr gegenüber sofort an Tabes denken, sobald nicht eine peripherische Erkrankung des Hypoglossus oder ein Tumor u. s. w. der Schädelbasis vorliegt. Der Zungenschwund gehört in der Regel zu den Früh-Symptomen. Ausnahmsweise kommt auch doppelseitiger Zungenschwund vor (z. B in einem Falle Eisenlohr's). Sehr bemerkenswerth ist, dass die Hirnnerven-Symptome oft in Gruppen auftreten. Nicht nur sind meist verschiedene der Vagus-Accessorius-Symptome zusammen da, sondern auch Kerne, die nicht bei einander liegen, erkranken oft zugleich oder nach einander. So hat man bei Zungenschwund immer Augenmuskellähmungen gefunden, neben Trigeminus-Symptomen sind fast immer noch andere Hirn-Nerven-Symptome vorhanden u. s. f. Es scheint sich also, wenn die Tabes einmal das Gebiet der Hirnnerven betritt, in der Regel um eine mehr oder weniger ausgebreitete Schädigung dieses Gebietes zu handeln. Freilich muss man gleich hinzufügen, dass zu dem Schwunde von Hirnnerven-Muskeln sich oft auch anderweiter Muskelschwund gesellt, z. B. Atrophie der kleinen Handmuskeln bei Zungenschwund oder bei Kaumuskelschwund, dass ferner die Knochen-, bez. Gelenkerkrankungen bei Kranken mit Muskelschwund häufiger zu sein scheinen als sonst, dass endlich in diesen Fällen nicht selten auch Magenkrisen auftreten. So findet man relativ oft eine Anhäufung seltener Tabes-Symptome und nach einer Reihe symptomenarmer Tabes-Kranker kommt einer, über den ein ganzes Füllhorn von Symptomen ausgeschüttet zu sein scheint. Es mag dahingestellt sein, ob dieses Verhalten mit einer Eigenart des Tabes-Giftes oder mit einer Eigenart des Erkrankten zusammenhängt.

Neben den Erkrankungen der Gehirnnerven sind verschiedene Erscheinungen zu erwähnen, die gewöhnlich als Gehirn-Symptome der Tabes bezeichnet werden. Es sind dies Anfälle von Migräne, epileptische Anfälle, apoplektiforme Anfälle, seelische Störungen. Es ist wohl richtiger, diese Zufälle als Symptome der progressiven Paralyse bei Tabes-Kranken zu bezeichnen. Sie entsprechen einer unvollständigen paralytischen Erkrankung der Gehirnrinde und es finden sich fliessende Uebergänge zwischen den Fällen mit vereinzelten paralytischen Symptomen und denen mit zweifelloser progressiver Paralyse.

Migräne-Anfälle können mit den Zeichen der beginnenden Tabes zusammen auftreten, und zwar Anfälle sowohl der gewöhnlichen als der Augenmigräne. Natürlich muss man unterscheiden zwischen Migränekranken, die tabisch werden, und Tabes-Kranken mit Migräneanfällen. Bei jenen ist die Migräne ererbt, besteht seit der Jugend, oft werden die Anfälle selten oder hören auf, wenn die Tabes sich entwickelt. Wenn dagegen die Migräne zur Tabes gehört, so beginnt sie erst im reifen Alter.

Bekommt ein Vierzigjähriger etwa den ersten Migräne-Anfall, so kann man in der That an Tabes denken. Sehr häufig scheinen übrigens die tabischen oder paralytischen Migräne-Anfälle nicht zu sein. Auch epileptische Anfälle bei Tabes sind selten. Vielleicht sind manche Schwindelanfälle bei Tabes-Kranken epileptischer Art. Die früher erwähnten epileptischen Zufälle bei Kehlkopfkrisen gehören natürlich nicht hier her. Dagegen wäre es möglich, dass gelegentlich neben der Tabes als coordinirte Erscheinung Epilepsie vorkäme. Es giebt eine parasyphilitische Epilepsie (wie Fournier sagt), d. h. eine Epilepsie, die zur Syphilis in demselben Verhältnisse steht wie die Tabes.

Etwas häufiger als epileptische sind apoplectiforme Anfälle, plötzlich eintretende und rasch wieder schwindende Hemiplegie, Monoplegie, Aphasie. Diese Anfälle gleichen ganz den paralytischen und in der Regel werden bei den Tabes-Kranken, bei denen sie vorkommen, noch andere paralytische Symptome zu finden sein. Jedoch sollen zuweilen die apoplectiformen Zufälle das einzige paralytische Symptom sein. Natürlich werden bei Tabes-Kranken gelegentlich auch Gehirnherde, die auf Arteriosklerose beruhen, beobachtet; handelt es sich um dauernde cerebrale Lähmungen, so sind solche Herde wahrscheinlich.

Gröbere seelische Störungen wird Niemand für ein Tabes-Symptom halten, indessen scheinen weniger auffallende Veränderungen, die einer wiederholt nachgewiesenen leichten paralytischen Rindenerkrankung entsprechen, nicht allzuselten zu sein. Es handelt sich da um einen leichten Schwachsinn mit etwas Euphorie. Es ist wiederholt bemerkt worden, dass viele Tabes-Kranke ihr schweres Leiden mit auffallender Heiterkeit und Hoffnungsfreudigkeit ertragen, man weiss, wie leicht sie allerhand Täuschungen zugänglich sind. Bei manchen findet man auch eine deutliche Gedächtnissschwäche. Oft ist begreiflicherweise bei den Kranken ein Urtheil darüber, ob ihre geistigen Fähigkeiten etwas nachgelassen haben, mit einiger Sicherheit nicht zu geben.

Treten bei Tabes-Kranken eigentliche Geistesstörungen auf, so handelt es sich in der grossen Mehrzahl der Fälle um progressive Paralyse. Aber es können natürlich auch alle anderweiten Geistesstörungen neben Tabes vorkommen: Paranoia, intermittirendes Irresein, hypochondrische, hysterische Zustände u. A. Meist wird die Unterscheidung nicht schwer sein, da bei endogenen Psychosen gewöhnlich schon vor der Tabes abnorme Geisteszustände vorhanden gewesen sind, das klinische Bild selbst keinen Zweifel zuzulassen pflegt. Freilich kommen auch complicirte Zustände vor: endogene Abweichungen + Alkoholismus + Tabes, oder etwa Morphinismus + traumatische Hysterie + Tabes, Zustände, in denen nur eine sorgfältige Anamnese und längere Beobachtung aus der Noth helfen können. Auf jeden Fall existirt die sogenannte „TabesPsychose" nicht. Man hat gemeint, die Schmerzen, Parästhesieen u. s. w. könnten zu einer geistigen Störung führen, bei der die Wahrnehmungen umgedeutet würden, in den Schmerzen die Einwirkung unsichtbarer Feinde erkannt würde u. s. w. Diese Construction ist ganz willkürlich; in der Regel hat es sich bei der Tabespsychose um progressive Paralyse gehandelt, in Ausnahmefällen um Tabes mit Paranoia.

Ausser den bisher besprochenen Symptomen sind die wichtigsten Zeichen der Tabes 2 Gruppen von Erscheinungen: 1) die Störungen der Eingeweide, die sich theils als lanzinirende Schmerzen in den Organen der Brust- und Bauchhöhle kundgeben, theils wahrscheinlich als Folgen der Anästhesie innerer Theile zu deuten sind, und 2) die Veränderungen der Knochen, der Muskeln, der Haut und ihrer Anhänge, Veränderungen, die man gewöhnlich unter der Bezeichnung der trophischen Störungen zusammen fasst.

Die „visceralen Krisen" bestehen in Anfällen von Schmerzen in Magen, oder Darm, oder Blase u. s. w. Mit den Schmerzen sind in der Regel Absonderungen verbunden und zuweilen treten auch Anfälle von Absonderungen ohne Schmerzen auf.

Weitaus am häufigsten und am wichtigsten sind die Magen-Krisen. Zuerst hat Delamare auf sie hingewiesen, die erste mustergültige Schilderung gab Charcot. Gewöhnlich tritt ganz unerwartet Schmerz in der Magengegend, „Magenkrampf" ein. Bald wird der Schmerz wie ein Zusammenziehen geschildert, bald erzählen die Kranken von elektrischen Schlägen, die sich vom Magen bis zur Wirbelsäule, unter Umständen bis in die Gegend zwischen den Schulterblättern erstrecken. Auch Gürtelschmerz kommt vor. Rasch gesellt sich zu dem Schmerze das Erbrechen. Es kehrt mit kurzen Pausen wieder, etwa wie bei der Seekrankheit. Erst werden die gerade im Magen vorhandenen Speisen ausgebrochen, dann folgen schleimig-wässerige Massen, denen sich bald Galle beimischt, nicht selten ist auch Blut im Erbrochenen. Jede Nahrungsaufnahme ist unmöglich: alles, sogar jeder Schluck Wasser wird sofort ausgebrochen. Schmerzen und Erbrechen dauern Stunden, Tage, ja Wochen an. Die durchschnittliche Dauer einer Magenkrise beträgt einige Tage. Die Schmerzen erreichen oft eine beträchtliche Höhe, so dass die Kranken schreien, sich krümmen und winden, die unwahrscheinlichsten Stellungen einnehmen, ohnmächtig werden. Kaum eine kleinere Plage ist das unaufhörliche Erbrechen und Würgen. Dazu kommen der Durst und die Schlaflosigkeit. So ist es wohl begreiflich, dass jede etwas länger dauernde Krise die Kranken in hohem Grade erschöpft und herunter bringt. Erstaunlich ist, wie sofort nach Beendigung der Krise der Magen wieder als gesund erscheint. Einer meiner Kranken pflegte, nachdem er Tage lang absolut nichts genossen und unaufhörlich erbrochen hatte, ein Glas bayrischen Bieres zu verlangen; das schmeckte ihm vortrefflich und von da an konnte er wieder alles essen. Es giebt auch Krisen, die nur $^{1}/_{2}$ oder 1 Stunde dauern, und andererseits beobachtet man wochenlang dauernde Zustände, in denen auf vorübergehende Besserung immer wieder Schmerz und Erbrechen folgen. In den letzten Jahren hat man sich viel Mühe damit gegeben, die chemische Beschaffenheit des Erbrochenen zu prüfen. Das Ergebniss war sehr wechselnd. Besonders stark saure Massen sind nur ein paarmal gefunden worden, häufiger war die Säuremenge sehr gering. Aller Wahrscheinlichkeit nach ist die chemische Beschaffenheit des Mageninhaltes ganz nebensächlich, sie wechselt mit der individuellen Beschaffenheit des Erkrankten. Die Blutmengen im Erbrochenen sind selten beträchtlich. In der Regel stammen sie wohl von mechanischen Verletzungen der Schleimhaut beim Würgen, es kann sich aber auch um Blutungen handeln, die den die lanzinirenden Schmerzen zuweilen begleitenden Hautblutungen analog sind.

Ziemlich selten sind die unvollständigen Magenkrisen, bei denen entweder nur Schmerzen oder nur Würgen und Erbrechen bestehen. In jenem Falle gleicht der Zustand einem Anfalle von „Magenkrampf" und kann leicht verkannt werden, in diesem ähnelt die Krise der Seekrankheit und hier ebenfalls können diagnostische Irrthümer vorkommen, besonders wenn sogenannte Hyperacidität gefunden wird.

Recht selten sind auch die „Darmkrisen". Mit diesem Worte bezeichnet man Anfälle von Durchfall, die im Gegensatze zu den Magenkrisen nur ausnahmsweise mit Schmerzen verbunden sind. Es handelt sich um wässrige Durchfälle, die anscheinend ursachlos und plötzlich beginnen, in 4—6—8 und mehr Ausleerungen täglich bestehen, Tage, Wochen, Monate anhalten und plötzlich wieder aufhören. Diese Durchfälle erinnern also sehr an die bei Morbus Basedowii und es kann wohl sein, dass in manchen Fällen von tabischen Darmkrisen ein unerkannter Morbus Basedowii bestanden hat.

Gelegentlich denkt man bei dem Ausdrucke Darmkrisen wohl auch an die anfallweise auftretenden Mastdarmschmerzen. Die Kranken sagen, es sei, als ob ihnen ein Keil, oder ein glühendes Eisen in den After getrieben würde. Manchmal kommt auch sehr quälender Tenesmus vor, der sich mit blutig-schleimigen Entleerungen verbinden kann.

In der Regel ist bei Tabes-Kranken der Darm träge, sie leiden an Verstopfung und müssen Abführmittel brauchen. Wirkliche Inkontinenz der Darmes ist sehr selten, auch in den späteren Stadien der Krankheit. Dagegen kommt es nicht allzuselten vor, dass ganz kleine Mengen Koth unbemerkt abgehen, sodass die Kranken klagen, sie seien bei aller Mühe nicht im Stande, ihre Wäsche rein zu halten. Damit darf man die Fälle nicht verwechseln, in denen die Kranken beim Harnen pressen müssen und zuweilen etwas Darminhalt mit auspressen.

Magen- und Darmkrisen gehören zu den Frühsymptomen. Sie können als erstes Zeichen auftreten, können wenigstens Jahre lang bestehen, ehe für den Kranken bemerkliche andere Zeichen auftreten. Zuweilen werden sie selten und schwach, oder hören ganz auf, wenn die gewöhnlichen Tabes-Zeichen sich entwickeln. Die Angaben über ihre Häufigkeit stimmen nicht überein, man wird etwa annehmen können, dass sie in 3—5 % der Fälle vorkommen. Auf das relativ häufige Zusammentreffen von Kehlkopfstörungen, Magen-Zufällen und Knochenerkrankung ist schon früher hingewiesen worden.

Die grosse Mehrzahl der Tabes-Kranken hat einfach Verstopfung, dabei aber einen recht guten Magen.

Man hat auch Blasenkrisen beschrieben. Sie bestehen in heftigen Schmerzen, die von der Unterbauchgegend ausgehen, längs der Urethra ausstrahlen, wohl auch sich auf den Damm und die Innenseite der Schenkel erstrecken. Die Kranken sagen, es sei, als ob Messer in der Harnröhre wühlten, oder als ob flüssiges Blei in ihr liefe. Trotz quälenden Harndranges vermögen sie nicht Wasser zu lassen. Der Anfall dauert mehrere Stunden oder einen Tag und wurde wiederholt durch Entleerung von Blut beendigt. Er kann mit wochenlangen oder längeren Pausen wiederkehren, kann mit den lanzinirenden Schmerzen der Beine zusammen auftreten. Natürlich muss man mit der Diagnose vorsichtig sein. Ich glaubte einmal bei einem Tabes-Kranken die Blasenkrise zu beobachten, jedoch stellte es sich dann heraus, dass ein kleiner Blasenstein vorhanden war, nach dessen Entfernung die Anfälle aufhörten. Jedoch versichern die Autoren, dass es sich in ihren Fällen nicht um Blasenstein gehandelt habe, in Raynaud's erstem Falle wurde bei der Section nichts Abnormes in der Blase gefunden. Auch Nierenkrisen sind beschrieben worden, d. h. Anfälle, die denen bei Nierensteinen gleichen. Die Beobachtungen sind jedoch so vereinzelt, dass Zurückhaltung geboten ist.

So häufig bei Tabes die Entleerung des Harnes gestört ist, so selten ist seine Menge und Beschaffenheit abnorm. Man hat zuweilen Polyurie beobachtet und in einer Reihe von Fällen Glykosurie. Bei der tabischen Glykosurie handelt es sich immer um kleine Zuckermengen, $1/2$—1 höchstens 2 %; grössere Mengen werden wohl nur dann gefunden, wenn eine Complication der Tabes mit Diabetes mellitus besteht. Gewöhnlich wird die Glykosurie von einer Erkrankung der Medulla oblongata abgeleitet. Thatsächlich sind wiederholt neben ihr bulbäre Symptome vorhanden gewesen. Auch die sogenannte alimentäre Glykosurie soll zuweilen bei Tabes angetroffen werden.

Bei Albuminurie handelt es sich wohl immer um eine Complication.

Bei männlichen Tabes-Kranken entwickelt sich mit der Zeit gewöhnlich Impotentia coeundi. Sie kann sehr früh, sie kann verhältnissmässig spät auftreten. In seltenen Fällen verschwindet die Erection plötzlich für immer, in der Regel nimmt allmählich die Libido ab und werden die Erectionen immer schwächer und seltener. Die potentia generandi ist wahrscheinlich oft erhalten, wenn nicht eine Complication (Epididymitis, Sarkocele) besteht. Doch scheint später auch eine Atrophia testiculorum einzutreten. Leimbach fand bei 58,25 % der Kranken Herabsetzung oder Aufhebung des Geschlechtstriebes, bei 15,5 % waren diese Störungen das erste Symptom gewesen. Es ist wahrscheinlich, dass die Anästhesie bei den gewöhnlichen Blasenstörungen und bei der Impotenz eine wichtige Rolle spiele. Doch braucht Anästhesie der äusseren Theile nicht vorhanden zu sein. In Ausnahmefällen wird von Priapismus und gesteigerter Libido bei beginnender Tabes berichtet.

Bei Weibern findet man zuweilen Anaesthesia vulvae et vaginae. Dann pflegt die Voluptas zu fehlen, doch fehlt diese zuweilen auch dann, wenn der Nachweis der Anästhesie nicht gelingt. Die Menstruation bleibt in der Regel unverändert. Gelegentlich hört sie auf.

Ein seltsames Symptom sind die Clitoris-Krisen. Die Patientinnen haben die Empfindungen, die beim Coitus auftreten, und auch die Absonderung tritt ein. Die Anfälle können sowohl bei Tage als bei Nacht eintreten, sind im letzteren Falle zuweilen mit Träumen verbunden und gleichen dann dem, was man als „weibliche Pollutionen" beschreibt. Die unangenehme Seite der Clitoris-Krisen besteht darin, dass sie manchmal einen Anfall lanzinirender Schmerzen ankündigen. Sie sind selten, ich fand sie unter 50 weiblichen Tabes-Kranken 1 mal.

Zu den interessantesten Erscheinungen bei der Tabes gehört die Erkrankung des Knochensystems, die sich in der Hauptsache durch Knochenbrüche und durch die sog. Arthropathieen kund giebt.

Die tabischen Arthropathieen sind zuerst durch Charcot beschrieben worden. Seine meisterhafte Schilderung hat mancherlei Anfechtungen erfahren, findet aber mehr und mehr die allgemeine Anerkennung. Vielfach, besonders in England und Amerika, werden die tabischen Gelenkleiden schlechtweg als Charcot's Krankheit bezeichnet, ein Gebrauch, der nicht empfehlenswerth ist, weil die Franzosen zuweilen auch die amyotrophische Lateralsklerose Charcot's Krankheit nennen. Das Gelenkleiden tritt ohne nachweisbare Ursache auf. Es kommt in der Regel früh zum Ausbruche, sehr oft vor dem Eintritte der Ataxie. Es beginnt gewöhnlich plötzlich, ohne Vorläufererscheinungen. Seine Symptome sind ein beträchtlicher seröser Erguss in das Gelenk und eine zähteigige Anschwellung in der Umgebung. Fieber und Schmerzen fehlen gewöhnlich ganz. Entweder schwindet nach einiger Zeit die Geschwulst wieder und alles kehrt zur Norm zurück (gutartige Form), oder es bleiben schwere Störungen im Gelenke zurück, Krachen, Dislocationen in Folge von Usur der Knochenoberflächen, verschiedene Luxationen (bösartige Form). Am häufigsten wird das Knie befallen, dann die Hüfte, weiterhin Schulter, Ellenbogen und Handgelenk, seltener die Fussgelenke, die Wirbelgelenke, die Fingergelenke. Bei der anatomischen Untersuchung findet man fast immer Schwund und Wucherung neben einander, in der Regel überwiegt jener bei Weitem diese. Ist der Process noch nicht sehr weit fortgeschritten, so ist noch ein Theil der Gelenkknorpel erhalten, diese sehen wie angenagt aus, im Knochen findet man Sklerose neben schwammiger Auflockerung. Zuweilen umgiebt ein Kranz von Osteophyten die Gelenkfläche. Die Gelenkkapsel ist erweitert und verdickt, oft mit Auswüchsen besetzt. In der Höhle ist schleimige

Flüssigkeit enthalten, oft sind Gelenkmäuse da. Eiterung ist höchst selten, es handelt sich dann um eine secundäre Infection. In späteren Stadien sind die Gelenkflächen mit dem Knorpel ganz verschwunden, die ganzen Gelenkenden können abgerieben sein, so dass z. B. Schenkelkopf und Hals ebenso fehlen wie die Pfanne; die Knochenoberfläche ist wie angefressen. In manchen Fällen sind stärkere Wucherungen vorhanden, sodass mächtige Auflagerungen das Gelenk umgeben. Bei chemischer Untersuchung findet man den Knochen arm an Mineralstoffen, besonders an Phosphaten, reich an Fett. Die mikroskopische Prüfung ergiebt eine rareficirende Osteitis: unregelmässige Erweiterung der Haversischen Canäle, die mit Fett gefüllt sind. Indessen giebt die anatomische Untersuchung nur ein Bild vom Schlusszustande. Das eigentlich Charakteristische ist der Verlauf: das plötzliche schmerzlose Entstehen einer ganz colossalen Geschwulst, die oft rapide eintretende Gelenkzerstörung, die in kurzer Zeit zur Subluxation oder Luxation führen kann. Angesichts dieses klinischen Bildes kann gar keine Rede davon sein, dass die tabische Arthropathie nichts anderes sei als die deformirende Arthritis; es handelt sich um eine ganz eigenartige Erkrankung und nur bei der Syringomyelia kommen ähnliche Gelenkzerstörungen vor. Die Entstehung der Gelenkleiden bei Tabes ist wahrscheinlich so zu denken, dass die krankhafte Veränderung des Knochens das Erste ist. Je nachdem die Diaphyse oder die Epipsyse vorwiegend betroffen ist, kommt es zu den nachher zu besprechenden Knochenbrüchen oder zur Arthropathie. Oft scheint bei der letzteren ein Abbrechen kleiner Stücke des Gelenkendes den Process einzuleiten. Die gewaltige Anschwellung, die besonders an Knie und Schulter beobachtet wird, entspricht manchmal der aufgetriebenen Gelenkkapsel, manchmal aber ist sie diffus, sodass der untere Theil des Oberschenkels etwa und der grössere Theil des Unterschenkels ein mächtiges Oedem zeigen. Im letzteren Falle handelt es sich wahrscheinlich um einen Kapselriss, durch den die Gelenkflüssigkeit in die Umgebung dringt. Eine eigenthümliche Missbildung entsteht, wenn die Gelenke des Mittelfusses betroffen sind: der sogenannte Tabesfuss. Auf dem Fussrücken und in der Mitte der Sohle wölbt sich ein harter Buckel vor, der Fuss wird platt und verkürzt, da sozusagen die Theile des Fussgewölbes in einander hineingetrieben werden. Dabei sind die Bewegungen des Fusses schmerzlos, aber von Krachen begleitet. In den seltenen Fällen tabischer Lenden-Wirbel-Erkrankung kann die sogenannte Spondylolisthesis entstehen. Oft ist die Arthropathie doppelseitig, beide Knice, beide

Hüften, beide Füsse sind erkrankt. Da bei der Tabes offenbar das ganze Knochensystem leidet, kommt es, wenn die Schädigung stark ausgesprochen ist, zu mehrfachen Arthropathieen und Fracturen. Eine Kranke Charcot's hatte am linken Knie Luxation der Tibia nach hinten mit starker Usur beider Gelenkenden und fast vollständigem Schwunde der Patella, beide Hüftgelenke waren erkrankt mit lautem Krachen und starker Crepitation, mit Luxation des rechten Femur nach hinten; der linke Humerus war nach innen luxirt, sein Kopf und die Pfanne geschwunden, im rechten Kiefergelenke bestand lautes Krachen. Bei der Section dieser Kranken wurden noch Brüche der Beckenknochen und andere Läsionen des Knochensystems gefunden, die der klinischen Beobachtung entgangen waren. Kredel hat eine grosse Zahl von Fällen tabischer Arthropathie zusammengestellt. Nach ihm waren betroffen das Kniegelenk 104 mal, das Hüftgelenk 56 mal, das Schultergelenk 36 mal, das Ellenbogengelenk 15 mal, das Sprunggelenk 25 mal, die Zehengelenke 10 mal, die Fingergelenke 8 mal, das Unterkieforgelenk 2 mal, der sogenannte Tabesfuss kam 16 mal vor.

Seltener als die Gelenkleiden, bez. Gelenkbrüche sind die Brüche der Diaphysen bei Tabes-Kranken. Ihr Charakteristikum ist, dass sie auf ganz geringfügige Anlässe hin entstehen, daher der Name „Spontanfracturen". Der Kranke will z. B. den Stiefel anziehen, dabei bricht der Oberschenkel; ja sogar das Umwenden im Bette kann zu einer Fractur führen. Fast immer ist der Bruch schmerzlos. Bei geeigneter Behandlung tritt gewöhnlich gute Heilung ein. Werden die Bruchstücke nicht unbeweglich zusammen gehalten, so können unförmige Callusmassen entstehen. Besonders zu beachten ist, dass die Spontanfracturen zu den ersten Zeichen der Tabes gehören können. Findet man bei einem tabesfähigen Menschen eine Fractur des Ober- oder des Unterschenkels ohne zureichende Ursache, so muss man immer an Tabes denken. Meist werden andere Zeichen (reflectorische Pupillenstarre u. s. w.) schon vorhanden sein, es scheint aber, dass hie und da eine Spontanfractur allen andern Zeichen vorausgehen könne. Kredel hat 73 Fälle von Spontanfracturen bei Tabes zusammengestellt: der Oberschenkel war 32 mal betroffen (darunter 9 Schenkelhalsfracturen), der Unterschenkel 19 mal, der Vorderarm 6 mal, der Oberarm 4 mal, das Schlüsselbein 2 mal, das Becken 3 mal, das Schulterblatt 2 mal, Unterkiefer und Radius je 1 mal); multiple Fracturen kamen in 16 Fällen vor; 16 mal waren Fracturen und Arthropathien gleichzeitig vorhanden.

Ob die Knochenerkrankung bei Tabes von bestimmten Läsionen des Nervensystems abhängig sei, und von welchen, darüber herrscht keine Uebereinstimmung. Charcot glaubte anfänglich eine Erkrankung der Vorderhörner annehmen zu sollen. Ueber die Unrichtigkeit dieser Auffassung ist jetzt kein Zweifel mehr. Andere meinten, die Läsion der peripherischen Nerven, besonders der in die Knochen eindringenden Nerven anschuldigen zu sollen. Auch diese Meinung ist schwer verständlich. Neuerdings haben Marinesco u. A. die Anästhesie als Hauptstörung angesehen. Man müsse sich die Sache so vorstellen, dass im normalen Zustande die Ernährung, bez. Blutversorgung der Knochen- und Gelenkflächen abhängt von den centripetalen Erregungen; fallen diese weg, wie bei der tabischen Anästhesie, so leidet die Ernährung Noth, weil die reflectorische Regelung des Blutzuflusses fehlt. Man könnte auch denken, dass das tabische Gift unter Umständen direkt die Knochen schädige, dass also die Knochenerkrankung der Nervenerkrankung coordinirt sei.

Bei den Arthropathieen können auch die Gelenkbänder zerstört werden. Wahrscheinlich wird das sehnige Gewebe zuweilen bei der Tabes in ähnlicher Weise krankhaft verändert wie das Knochengewebe. Darauf deuten die gelegentlich vorkommenden Sehnenzerreissungen. Es kann bei einer schroffen Bewegung die Achillessehne zerreissen, es kann die Quadricepssehne von der Kniescheibe abgerissen werden. Die Verletzungen sind schmerzlos, der von seinem Ansatzpunkte getrennte Muskel zieht sich zurück, zu einer Heilung pflegt es nicht zu kommen.

Von den Erkrankungen der Haut bei Tabes steht in naher Beziehung zu den Erkrankungen des Knochensystems das Mal perforant. Nicht nur wird dieses vorwiegend in den Fällen gefunden, in denen auch Arthropathieen und Fracturen vorhanden sind, sondern es scheint, oft wenigstens, direct von einer Knochenerkrankung abzuhängen. Man versteht unter Malum perforans ein Geschwür, dass die Haut durchbohrt und auf dessen Grunde oft cariöser Knochen gefühlt wird. Fast immer handelt es sich um kleine Löcher an der Fusssohle oder auf dem Rücken der Zehen, die aussehen, als wären sie mit dem Locheisen gemacht, die einen dünnen, übelriechenden Eiter absondern, unempfindlich sind und schwer heilen. Offenbar ist es möglich sowohl, dass eine vernachlässigte Verletzung unempfindlicher Theile des Fusses zu einem in die Tiefe dringenden Geschwüre werden kann, das schliesslich den Knochen erreicht oder in ein Gelenk durchbricht, als auch, dass abgestorbene Knochentheile zu einer als Malum perforans erscheinenden Fistel führen. Auch die Vereiterung eines Schleimbeutels kann das Erste sein. Der Hauptsitz des Mal perforant sind die Zehen und unter ihnen wieder die grosse Zehe. Oft sind mehrere Löcher zugleich oder nach einander vorhanden.

Im übrigen sind Veränderungen der Haut recht selten. Man hat als Tabes-Zeichen Erythema, Vitiligo, ferner einen an Ichthyosis erinnernden Zustand der Haut beschrieben: geröthete, trockene, verdickte Haut mit reichlichen Epidermisschuppen. Gelegentlich sieht man an den Händen oder an den Füssen hartnäckige chronische Ekzeme. Die zuweilen die lanzinirenden Schmerzen begleitenden Hautblutungen und Herpes-Ausschläge sind schon früher erwähnt worden. Ferner kommt Atrophie der Haut vor, die entweder faltig und dünn, wie zu weit ist, oder dünn, glänzend, eng anliegend. Häufiger sind Veränderungen der Schweissabsonderung, Hyperidrosis, besonders aber Anidrosis. Bekannt ist, dass die Tabes-Kranken, die früher schwitzende Füsse gehabt haben, ihren Fussschweiss im Anfange der Krankheit zu verlieren pflegen und zuweilen darin die Ursache ihrer Krankheit sehen. Man sieht auch Anidrosis (bez. Hyperidrosis) der ganzen unteren Körperhälfte, eines Beins, eines Arms, einer Gesichtshälfte.

Endlich ist noch der Erkrankung der Nägel zu gedenken. Besonders die Nägel der grossen Zehe werden zuweilen eigenthümlich verdickt, uneben, missfarbig. In manchen Fällen fallen sie ab und dieser Vorgang, dem mitunter heftige Schmerzen und eine Blutung unter dem Nagel vorausgehen, kann sich wiederholen. Auch dieses Symptom kommt gewöhnlich mit Mal perforant und Arthropathieen zusammen vor.

Der Muskelschwund bei Tabes stellt sich in verschiedener Weise dar. Es kann sich um isolirte Erkrankung einzelner Muskeln handeln, die wieder zurückgeht oder auch stationär wird, es können aber auch, ähnlich wie bei der sogen. neuralen Muskelatrophie, viele Muskeln dem Schwunde verfallen. Gewöhnlich beginnt die Atrophie schleichend. Die Endglieder werden zuerst betroffen, nur ausnahmeweise machen andere Muskeln als die der Hände und Füsse den Anfang. Bei 19 Beobachtungen Dejerine's waren die Füsse 9 mal, die Hände 7 mal zuerst erkrankt, nur je 1 mal die Schultermuskeln und die Beugemuskeln am Vorderarme. Befällt der Schwund zuerst die Beine, so werden zunächst die kleinen Fussmuskeln atrophisch und bald wird der Fuss in eigenthümlicher Weise verunstaltet. Die Zwischenknochenräume sinken ein, die

Ballen verlieren ihre Rundung, die ersten Zehenglieder sind dorsal-, die übrigen plantarflectirt, die grosse Zehe aber ist meist in beiden Gliedern plantarflectirt. Will der Kranke den Fuss heben, so kommt es zu einem wahren Klauenfusse. Zuweilen tritt Schrumpfung der Muskeln und Bänder ein und damit eine Fixirung der abnormen Stellung. Später erkranken auch die Unterschenkelmuskeln, und zwar vorwiegend die Peronaeus-Gruppe; zuweilen wird eine Zeit lang der Tibialis anticus verschont. Dann bildet sich ein Pes equino-varus aus und die Krallenstellung der Zehen wird zur totalen Beugung. Allmählich kommt es auch zur Feststellung des Fusses durch Schrumpfung der Wadenmuskeln und des Peronaeus longus (Klumpfuss der Tabes-Kranken). An den Händen erkrankt zuerst der Daumenballen, dann folgen die übrigen kleinen Handmuskeln und unter Umständen auch die Vorderarmmuskeln, Knie und Ellenbogen überschreitet der Schwund in deutlicher Weise gewöhnlich nicht. Doch bleiben, wie die anatomische Untersuchung ergiebt, auch die Muskeln der oberen Gliedtheile nicht unversehrt und fast immer ist der Schwund annähernd symmetrisch. Fibrilläre Zuckungen sollen nicht vorkommen. Die mechanische und die elektrische Erregbarkeit ist herabgesetzt, zuweilen gelingt es, die Entartungsreaction nachzuweisen. Der fortschreitende tabische Muskelschwund ist eine seltene Krankheit und kommt fast nur in den späteren Jahren der Tabes vor. Die anatomische Untersuchung ergiebt Entartung der Muskeln, der Muskel- und der Hautnerven. Die Degeneration ist auch in den gemischten Nerven vorhanden, nimmt aber nach oben hin ab und die vorderen Wurzeln sind in der Regel nicht wesentlich verändert, die Vorderhörner ganz normal.

Bei dem auf einzelne Muskelgruppen beschränkten Schwunde erkranken (abgesehen von den früher besprochenen Hirnnerven-Muskeln) einige kleine Handmuskeln, oder die Peronäusmuskeln, gelegentlich ein Deltoideus u. s. f. Dieser circumscripte Schwund kann auch bei beginnender Tabes vorkommen und nicht selten kommt es zur Heilung.

Schliesslich sind noch die in der Regel vorübergehenden Lähmungen bei Tabes zu erwähnen, die deshalb als Nervenlähmungen zu bezeichnen sind, weil das Gebiet eines bestimmten Nerven betroffen ist. Besonders kommen in Betracht Peronäus- und Radialislähmungen. Bei den letzteren ist oft die gewöhnliche Ursache, d. h. Druck auf den Nerven im Schlafe, nachzuweisen, manchmal aber fehlt sie. Bei einem Kranken z. B. trat die Lähmung ein, während er in einem Buche blätterte. In manchen

Fällen scheint ein Druck eingewirkt zu haben, aber ein so geringer, dass bei einem Gesunden keine Lähmung entstanden wäre. Dejerine glaubt, dass die tabischen Radialis-Lähmungen durch eine besondere elektrische Reaction ausgezeichnet seien, dass nämlich der Nerv nicht wie gewöhnlich nur oberhalb der Druckstelle nicht erregbar, sondern überhaupt nicht erregbar sei, während die faradische Erregbarkeit der Muskeln erhalten bleibe. Ich konnte diese Angaben nicht bestätigen, fand vielmehr einfache Herabsetzung der Erregbarkeit.

Zur Erklärung der vorübergehenden tabischen Lähmungen muss man wohl annehmen, dass eine weitverbreitete Schädigung des ganzen Nervensystems bei Tabes vorhanden sei, sodass relativ geringe Schädlichkeiten schon Störungen der Function, bez. Nerven-Zerfall hervorrufen können.

Auf leichtere Störungen auch der motorischen Theile des Nervensystems deuten manche Erscheinungen hin, die bisher noch nicht erwähnt wurden. Hierher gehört z. B. das plötzliche Nachgeben der Beine (giving way of the legs, effondrement des jambes): die Kranken fühlen mit einem Male, dass ihre Kraft sie verlässt, sie müssen sich festhalten, oder knicken zusammen. Ausserdem ist gewiss ein Theil der grossen Müdigkeit und objectiv nachweisbaren Muskelschwäche der Tabes-Kranken nicht nur durch die Anästhesie zu erklären. Man hat auch Anfälle von Müdigkeit (crises de courbature) beschrieben, bei denen der Kranke sich einige Tage lang wie zerschlagen fühlt, wie etwa nach einer anstrengenden Bergbesteigung.

Alte Tabes-Kranke werden oft auch dann, wenn keine eigentliche Lähmung und kein Muskelschwund besteht, so schwach, dass sie ihre Glieder kaum bewegen können. In solchen Fällen ergiebt die anatomische Untersuchung in der Regel Degeneration der Seitenstränge, d. h. die früher geringe und nicht nachweisbare Schädigung der motorischen Bahnen hat endlich auch zum sichtbaren Zerfalle geführt. —

Die bisherige Schilderung der Tabes-Zeichen dürfte wenigstens annähernd vollständig sein. Jedoch fehlt in ihr eine Gruppe von Störungen, der man viel Arbeit zugewandt hat, ich meine die Herzerkrankungen bei Tabes. Relativ häufig nämlich findet man Tabes-Kranke mit Herzfehlern. Nach einer neueren Statistik (Nordmann) würde auf 11 Tabes-Kranke 1 mit Herzfehler kommen, nach Leimbach aber waren unter 400 Kranken nur 7 mit Herzfehlern. Unter 130 Fällen von Herzerkrankung bei Tabes waren

51 Aortenfehler (38 Insufficienz, 7 Stenose, 6 Insufficienz und Stenose), 4 mit Aneurysma, 10 mit Aorten- und Mitralfehler, 33 mit Mitralfehler allein; in den übrigen Fällen scheint es sich hauptsächlich um die sogenannte Myocarditis gehandelt zu haben. Symptome, die an Angina pectoris erinnerten, oder diese darstellten, wurden in 23 Fällen erwähnt. Bei genauerer Betrachtung ergiebt es sich, dass die Mitralfehler bei Tabes dieselben Ursachen haben wie sonst (besonders Polyarthritis). Obwohl es nun an mehr oder weniger spitzfindigen Versuchen nicht gefehlt hat, die Erkrankungen der Aorta und ihrer Klappen von der Tabes abhängig zu machen, oder gar diese von jenen, so ist es doch höchst wahrscheinlich, dass die beiden krankhaften Zustände coordinirt seien, mit anderen Worten, dass die Aortenfehler ebenso wie die Tabes Metasyphilis seien, also ähnlich wie die Schrumpfnieren eine Complication der Tabes darstellen. — —

Den **Verlauf der Tabes** pflegt man in 3 Stadien zu theilen: die Anfangzeit oder das voratakische Stadium, das ataktische Stadium und das paraplegische Stadium.

Die Dauer des ersten Stadium kann von 1—2 Jahren bis zu 20 Jahren und mehr wechseln, ja viele Tabes-Kranke kommen nie darüber hinaus, da sie inzwischen sterben. Man kann ebensowohl sagen, die Dauer des 1. Stadium sei unbegrenzt, als, es gebe unvollständige, abortive Formen der Tabes. Ich halte die letztere Ausdrucksweise für richtiger, aber man kann in jedem Falle sagen: ja, wenn der Kranke nur lange genug gelebt hätte, so würde sich seine Tabes schon weiter entwickelt haben. Dieser Einwurf ist auch dann zulässig, wenn die Krankheit schon seit langer Zeit stille steht, denn auch dann kann sie sozusagen einmal wieder aufleben und Fortschritte machen. Die einfachste Form des voratakischen Stadium ist die, bei der der Patient von Zeit zu Zeit Schmerzen hat, „seinen alten Rheumatismus", im Uebrigen sich für gesund hält. Der Arzt findet gewöhnlich dabei reflectorische Pupillenstarre und Fehlen des Kniephänomens. Früher oder später gesellen sich leichte Blasenstörungen dazu. Dabei kann es nun sehr lange bleiben. In anderen Fällen tritt von Zeit zu Zeit eine Augenmuskellähmung auf. Die Kranken sind meist verstopft und ihre geschlechtliche Fähigkeit ist gering.

Dieser einfachen, relativ gutartigen Tabes kann man nun die symptomenreiche, mehr oder weniger bösartige Form gegenüberstellen, bei der von vornherein oder doch schon im ersten Stadium die seltenen Symptome in grösseren oder kleineren Gruppen auftreten: mehrfache Hirnnervenerkrankung, Kehlkopfsymptome, Magenkrisen, Arthropathien und Fracturen. Alle diese Zeichen und noch andere können schon in den ersten Jahren da sein und jedes von ihnen ist mali ominis.

Als Nebenform kann man die Tabes mit Sehnerven-Schwund ansehen. Die Kranken sind schwer betroffen durch die Blindheit, leiden aber im Uebrigen nicht viel.

Auch dann kann eine einfache Tabes bösartig sein, wenn die Schmerzen stark und häufig sind, oder die Blasenstörung rasch zunimmt.

Das 2. Stadium, das der Ataxie wird gewöhnlich durch Romberg's Zeichen eingeleitet. Die Kranken werden im Dunkeln etwas unsicher, es fällt ihnen schwer, eine schlechtbeleuchtete Treppe hinunter zu gehen. Auch die diesen Störungen zu Grunde liegende Anästhesie kann ziemlich lange unverändert bleiben. Aber langsam oder rascher nimmt sie doch zu und dann kommt es zu der eigentlichen Ataxie. Wie früher erwähnt wurde, ist von der gewöhnlich ganz langsam wachsenden Ataxie die seltenere acute oder subacute Ataxie der Tabes zu unterscheiden.

Von den Kranken, die das zweiten Stadium erreicht haben, stirbt wieder ein beträchtlicher Theil vor dem dritten Stadium, sei es an einer zufälligen Complication, sei es an einer der Tabes coordinirten metasyphilitischen Krankheit, etwa Herz- oder Nierenkrankheit, sei es an der zur Tabes hinzutretenden progressiven Paralyse, sei es endlich an einer Pyelonephritis infolge der Blasenlähmung. Bleibt der Kranke am Leben, so pflegt das ataktische Stadium wenigstens einige oder mehrere Jahre zu dauern. Sicher sind die Fälle, in denen etwa schon nach einem Jahre der Kranke bettlägerig wird, ziemlich selten..

Die Schmerzen nehmen oft, aber nicht immer im ataktischen Stadium ab, oder hören ganz auf. Im Uebrigen wird natürlich das Bild immer mannigfaltiger, da einestheils die vorhandenen Symptome sich weiterentwickeln, andererseits mehr oder weniger neue hinzutreten. Die Anästhesie verhält sich sehr verschieden. Zuweilen fehlt die Anästhesie der Haut fast ganz und ist anscheinend auch die Anästhesie der tiefen Theile gering, trotz starker Ataxie. In anderen Fällen ist die Anästhesie stark und weit ausgedehnt, auch reich an Modificationen. Die meisten klinischen Untersuchungen über Anästhesie sind an solchen Tabes-Kranken angestellt worden und die meisten Formen der Anästhesie sind an ihnen studirt worden. Im ataktischen Stadium werden oft die früher vorübergehenden Augenmuskellähmungen dauernd. Die Magenkrisen können allerdings wieder aufhören und auch andere Krisen, aber oft sieht man sie auch mit der Ataxie zusammen. Jederzeit können zu den vorhandenen diese oder jene Symptome hinzutreten. Die Mannigfaltigkeit der Combinationen ist so gross, dass jede Schilderung unzulänglich wäre.

Wenn man von dem dritten als einem paraplegischen Stadium spricht, so meint man nicht, dass in ihm immer wirkliche Paraplegie bestehe. Diese kommt freilich auch vor. Sie kann früh und vorübergehend eintreten, etwa die subacute Ataxie einleiten, sie kann sich spät und langsam entwickeln und als Dauersymptom einer Entartung der Seitenstränge des Rückenmarks entsprechen. Gewöhnlich aber kommt es bei der Tabes nie zur eigentlichen Paraplegie, die Kranken werden nur durch Ataxie und Schwäche ans Bett gefesselt und man sollte daher richtiger sagen: das Stadium der Bettlägerigkeit. Bei manchen Kranken sind Gelenkleiden, Knochenbrüche, die mit Pseudarthrose geheilt sind, Muskelschwund weitere Ursachen der Bewegungsunfähigkeit. Zum Ende führen dann bald die Infection der Harnwege, bald Decubitus, der sich theils durch Herabsetzung der Ernährung der Gewebe überhaupt, theils durch die Einwirkung der zersetzten Absonderungen auf die Haut erklärt, bald die schliesslich noch hinzutretende Paralyse, bald die früher erwähnten Complicationen. Das dritte Stadium ist wieder kürzer als das zweite, es wird selten länger als einige Jahre dauern.

Im Grossen und Ganzen ist also der Verlauf der Tabes ein langsames Fortschreiten vom Besseren zum Schlimmeren, sie verdient daher das Beiwort progressiv. Im Einzelnen jedoch finden wir jederzeit (etwa abgesehen vom dritten Stadium) Stillstände von langer, gelegentlich von sozusagen unbegrenzter Dauer und nicht nur das, sondern auch Besserungen, die recht weit gehen können. Diese Besserungen, die zum Theil recht schwer verständlich sind, haben grosse practische Wichtigkeit. In seltenen Fällen sollen alle subjectiven Beschwerden verschwunden sein, obwohl die Untersuchung nach dem Tode unzweifelhaft tabische Veränderungen ergeben hat. In ziemlich häufigen Fällen treten wenigstens zeitweise die Beschwerden soweit zurück, dass die in der Regel hoffnungsfreudigen Kranken von Heilung reden und sich 1—2 oder mehr Jahre lang für gesund halten.

Ueber die Anatomie der Tabes.

Den Krankheiterscheinungen der Tabes entspricht ein langsames Absterben von Nervenfasern und -Zellen. Es ist ganz unzweifelhaft, dass der Tod „der edlen Theile", des Parenchyms die erste Veränderung ist, dass die Erkrankung des Zwischengewebes und der Blutgefässe secundär ist. Wahrscheinlich ist hier wie anderwärts der Vorgang so zu deuten, dass einerseits durch das Absterben des Parenchyms der Wachsthumstrieb des dienenden Gewebes frei wird, andererseits die Zerfallstoffe des Parenchyms als Reiz wirken, der entzündliche Wucherung veranlasst. Die Entwickelung dieser secundären Veränderungen erreicht in den einzelnen Fällen einen verschiedenen Grad und es hängt dies vermuthlich in der Hauptsache von der Geschwindigkeit des Verlaufes ab; vielleicht spielen auch individuelle Verhältnisse eine Rolle.

Bei der Tabes erkranken zuerst (abgesehen von gewissen Stellen des Gehirns) die aus den Spinalganglien austretenden und in den Hintersträngen des Rückenmarkes verlaufenden Fasern, die Fasern der hinteren Wurzeln. Es scheint, dass die ersten Veränderungen dieser Fasern nicht immer an derselben Stelle sichtbar werden, dass manchmal die Degeneration zuerst in der Wurzelzone der Hinterstränge, manchmal zuerst in den hinteren Wurzeln selbst, zuweilen wohl auch an den langen aufsteigenden Fasern gefunden wird. Die Zellen, denen die Wurzelfasern angehören, sind die der Spinalganglien. An ihnen scheint im Anfange wenig zu sehen zu sein, man hat sie gewöhnlich anscheinend normal, nur selten zum Theil entartet gefunden. Nach der jetzt geltenden Auffassung sind Zelle und Faser Ein Lebewesen und dieses Wesen ist entweder gesund oder krank. Für unsere Wahrnehmung jedoch handelt es sich bei der Tabes um eine primäre, selbständige Erkrankung der Nervenfasern.

Die sichtbaren Veränderungen pflanzen sich bekanntlich in bestimmten Richtungen, d. h. nach dem Ende der Faser hin, fort. Die Degeneration der Fasern der hinteren Wurzeln hat zur Folge, dass ihre Fortsetzungen im Rückenmarke entarten. Thatsächlich giebt auch das Bild der Entartung im Rückenmarke den Verlauf der Wurzelfasern wieder, die Hinterstrangveränderungen der Tabes sind denen sehr ähnlich, die auf Durchschneidung der hinteren Wurzeln folgen. Die aufsteigenden Wurzelfasern liegen zuerst in den Burdach'schen Strängen, rücken weiter oben nach innen und bilden die Goll'schen Stränge. Da bei der Tabes in der Regel zuerst die Wurzeln des Lendenmarkes erkranken, findet man bei beginnender Tabes im unteren Theile des Markes Degeneration der Burdach'schen, im oberen Theile Degeneration der Goll'schen Stränge, im Gebiete der erkrankten Wurzeln ausserdem Degeneration der eintretenden Wurzelfasern. Immerhin gleicht die tabische Entartung der secundären Degeneration nicht. Mag diese auch vorkommen, in der Hauptsache ist der Process überall primär. Im weiteren Verlaufe erkranken auch die aus den Zellen der grauen Substanz entspringenden Fasern der Hinterstränge und die anfänglich verschonten Felder der Hinterstränge verfallen der Entartung. Das Bild des Rückenmarkquerschnittes muss somit verschieden sein nach der Höhe des Markes und nach dem Alter der Krankheit. Als weitere Quelle der Verschiedenheit kommt dazu, dass im Anfange nicht immer die gleichen Fasern der hinteren Wurzeln erkranken und dass die erkrankten Wurzeln nicht gleichmässig stark betroffen sind. Begreiflicherweise wird der anatomische Befund verschieden sein, je nachdem zuerst die Wurzeln des Lendenmarkes oder, wie es in seltenen Fällen vorkommt, zuerst die des Halsmarkes, je nachdem nur jene oder auch die des Brust- und des Halsmarkes betroffen sind. Jedoch sind die Veränderungen immer nahezu symmetrisch. In Fällen alter Tabes sind die ganzen Hinterstränge bis auf ein kleines Feld neben der hinteren Commissur entartet. Sie erscheinen dem blossen Auge als etwas verkleinert, auf dem Querschnitte eingesunken und grau. Daher die früher zuweilen gebrauchte Bezeichnung für Tabes: graue Degeneration der Hinterstränge. Das Mikroskop zeigt, dass die den Nervenfasern entsprechenden Sonnenbildchen verschwunden sind, dass das Gewebe aus welligen Fasern, der gewucherten Glia besteht. Zuweilen ist die Pia spinalis über den Hintersträngen getrübt und verdickt, zuweilen umzieht ein schmaler Degenerationsstreifen das Mark: Randdegeneration. Die Gefässe sind oft wenig verändert, zuweilen sind ihre Wände verdickt, ähnlich wie man es auch bei absteigender Degeneration nach Hirnherden sehen kann.

Ausser an den hinteren Wurzeln und an der hinteren Hälfte des Rückenmarkes findet man bei Tabes gewöhnlich am Gehirn und an den peripherischen Nerven krankhafte Veränderungen.

Im Gehirn sind in erster Linie die Gehirnnerven und ihre Ganglien betroffen. Der Olfactorius ist selten verändert. Pierret z. B. fand ihn in einem Falle, in dem während des Lebens erst Geruchstäuschungen, dann Anosmie bestanden hatten, gänzlich atrophisch. Der Sehschwäche und Blindheit der Tabes-Kranken liegt die graue Degeneration des Opticus zu Grunde. Dem Spinalganglion soll beim Opticus die Ganglienzellenschicht der Retina entsprechen. Zuerst scheinen die Nervenfasern des Opticus verändert zu werden, früher oder später auch die Zellen der Retina. Der Process schreitet dann centralwärts, nach den Vierhügeln zu fort. Den Augenmuskellähmungen entspricht in der Regel eine Entartung der Nervenkerne in der Nähe des 3. Ventrikels, bez. des Abducenskerns. In den Kernen sind die feinen Fasern zwischen den Zellen geschwunden, die Zellen selbst sind zum Theil geschrumpft und pigmentirt, zum Theil sind auch sie verloren gegangen. Mit der Kernerkrankung zugleich findet man Degeneration der Wurzelfasern und der peripherischen Augenmuskelnerven. In einzelnen Fällen hat man nur die letzteren, bez. einige ihrer Zweige entartet gefunden, ohne dass die Kerne betroffen gewesen wären. Beim Trigeminus entspricht das Ganylion Gasseri dem Spinalganglion, von ihm entspringt die spinale, aufsteigende Trigeminuswurzel. Diese ist atrophisch, wenn im Leben Trigeminussymptome bestanden haben und auch Schwund des Ganglion Gasseri ist nachgewiesen worden. Aehnlich liegen nun auch die Verhältnisse bei den weiteren Hirnnerven, doch sind die Befunde bisher ziemlich vereinzelt. Man hat bei tabischer Taubheit den Acusticus atrophisch gefunden. Bei Kehlkopflähmung scheint zuweilen der Vaguskern, zuweilen nur der peripherische Nerv entartet zu sein. Bei Hemiatrophia linguae hat man Degeneration des gleichseitigen Hypoglossus-Kerns gefunden.

Die der reflectorischen Pupillenstarre entsprechende Veränderung kennt man noch nicht. Man hat sie in der den 3. Ventrikel umgebenden grauen Masse gesucht und es ist ersichtlich, dass sie in der Nähe des Iris-Kerns liegen muss. Da sie jedoch sehr feiner Natur sein muss, ist sie nicht leicht zu finden und dann, wenn verbreitete Degenerationen im Mittelhirn gefunden werden, weiss man nicht, welchem krankhaft veränderten Orte man sie zuschreiben soll.

Wiederholt hat man auch dann, wenn keine ausgesprochene progressive Paralyse bestanden hatte, leichte Veränderungen der Gehirnrinde gefunden, die nach Ort und Art den paralytischen entsprachen. Als solche sind sie wohl auch aufzufassen und es mag in diesen Fällen ein leichter Schwachsinn bestanden haben, der nicht bemerkt wurde.

Ziemlich regelmässig scheinen Veränderungen der peripherischen Nerven vorhanden zu sein. Man findet die Hautnerven entartet und in älteren Fällen auch einen Theil der Muskelnerven. Bei Knochenerkrankung hat man die Knochennerven entartet gefunden, in der Umgebung des Mal perforant und ähnlicher Ernährungstörungen pflegen die Nervenfasern ganz zerfallen zu sein. In der Regel nimmt die Zahl der entarteten Fasern ab, je höher man im Nerven steigt. In den grossen Nerven pflegt man nur relativ wenig degenerirte Fasern zu finden und trotz Degeneration der Muskelnerven sind die vorderen Wurzeln normal.

Fasst man alles zusammen, so muss man sagen, es besteht bei Tabes eine weit verbreitete Degeneration im Nervensystem, aber am regelmässigsten und am stärksten sind die der Empfindung dienenden Theile beschädigt und zwar degenerirt der centralwärts gerichtete Fortsatz der Spinalganglionzelle in seiner ganzen Ausdehnung, der peripherische Fortsatz, d. h. der sensible Nerv, vorwiegend in seinen am meisten peripherischen Theilen. Es versteht sich von selbst, dass man eine solche Krankheit mit Recht eine Systemerkrankung nennen kann, es werden eben vorwiegend Systeme, d. h. nervöse Theile, die bestimmten Zwecken dienen, befallen. Beweisend für den systematischen Charakter der Erkrankung ist u. A. die reflectorische Pupillenstarre, denn nur ein auswählender Process kann mit unfehlbarer Sicherheit immer wieder die diesem merkwürdigen Symptome entsprechende kleine Stelle treffen. Den klaren Thatsachen gegenüber ist es recht auffallend, dass auch neuere Autoren auf den wunderlichen Gedanken verfallen sind, die Tabes mechanisch zu erklären, zu denken eine Meningitis könnte die hinteren Wurzeln einschnüren, und was dergleichen Absonderlichkeiten mehr sind.

Fragt man sich, inwieweit die einzelnen Symptome der Tabes auf die Entartung bestimmter Fasern zu beziehen seien, so ist nur ungenügende Antwort zu geben. Die Fasern der hinteren Wurzeln dienen der centripetalen Fortsetzung der Erregung. Ihre Erkrankung ist der wichtigste Vorgang bei der Tabes, dem entspricht, dass die wichtigsten Störungen solche der Empfindlichkeit und der reflectorischen Erregbarkeit sind. Die Schmerzen, die Parästhesieen, die Anästhesie, die Aufhebung der Sehnen- und der Pupillenreflexe, die Erschlaffung der Muskulatur, die Ataxie, die Störungen der Blase, des Darmes, der geschlechtlichen Verrichtungen können ohne Schwierigkeit auf die Erkrankung centripetaler Fasern bezogen werden. Im einzelnen jedoch erheben sich Schwierigkeiten, da wir vielfach weder den Vorgang durch den anatomischen Befund erklären können, noch über den anatomischen Ort im klaren sind. Wenn wir sagen, den Schmerzen entspreche eine Reizung der Fasern der hinteren Wurzeln, so hören wir wohl ein Wort, wir können uns aber nicht denken, wie die Reizung entsteht. Insbesondere erscheint uns das Auftreten der Schmerzen in Anfällen als unverständlich. Freilich fehlt uns nicht nur für die Schmerzanfälle und ebenso für die Krisen überhaupt bei Tabes das Verständniss, sondern auch für die epileptischen Anfälle und alle ähnlichen „Entladungen". Man denkt sich wohl, indem man das Wort Entladungen braucht, die Sache so, als ob sich im erkrankten Nervengewebe ein explosibler Stoff ansammelte, der, wenn er in genügender Menge vorhanden ist, auf einen beliebigen Anlass hin explodirt.

Ferner bereitet die partielle Anästhesie unserem Verständnisse Schwierigkeiten. Auf Grund älterer Thierversuche, deren Werth allerdings recht zweifelhaft ist, und auf Grund der Thatsache, dass bei bestimmten Erkrankungen der grauen Masse des Rückenmarks (besonders bei Syringomyelie und bei Blutungen im Rückenmarke) partielle Anästhesie vorkommt, sind Viele geneigt, für die Analgesie die Läsion der Hinterhörner verantwortlich zu machen. Dagegen spricht, dass die Analgesie oft früh auftritt, die Degeneration der grauen Masse erst ziemlich spät nachweisbar ist, ferner der Umstand, dass Analgesie gelegentlich auch bei Neuritis vorkommt. Gäbe es besondere Schmerzfasern, was ich allerdings nicht glaube, so wäre die Analgesie leicht zu erklären.

Warum in den einzelnen Fällen die Anästhesie nicht nur nach Ort und Ausdehnung, sondern auch nach ihrer Form sich ganz verschieden darstellt, warum bald Verlangsamung der Empfindung, Nachempfindung u. s. w. nachgewiesen werden kann, bald nicht, das wissen wir gar nicht.

Wir wissen auch nicht, ob es einen Unterschied macht, wenn in den Fasern des peripherischen Empfindungsnerven Degeneration gefunden wird, oder nur in dem anderen Fortsatze der Spinalganglienzelle, der hinteren Wurzelfaser, ob die Betheiligung der Ganglienzellen an dem sichtbaren Entartungsvorgange für das klinische Bild von Bedeutung ist, ob die Läsion der sensibeln Bahnen in der grauen Substanz andere Wirkung hat als die der peripherischen Nerven u. s. f.

Viel leichter sind die Fragen nach der Höhe der Läsion bei bestimmten Symptomen zu entscheiden. Die Beantwortung müsste eigentlich schon durch die normale Anatomie gegeben sein, insofern als diese anzugeben hat, durch welche Wurzeln die einzelnen Körpertheile mit dem Centralorgane verbunden sind. Jedoch beruhen die vorhandenen Kenntnisse zum Theil auf pathologischen Erfahrungen. Wir wissen, ,dass die von der Blase kommenden Fasern durch die hinteren Wurzeln des Sacralmarkes in das Rückenmark eintreten, dass die sensibeln Nerven der Beine zum Theil ebenfalls dem Sacralmarke, zum Theil dem Lendenmarke angehören. Thorburn u. A. haben die Bezirke der einzelnen Wurzeln abzugrenzen versucht, auf ihre Tafeln ist zu verweisen. Die Fasern, deren Erkrankung das Kniephänomen verschwinden lässt, treten mit dem dritten, bez. vierten Lendennerven ein. Westphal hat sich bemüht, die Stelle der Hinterstränge, deren Degeneration das Aufhören des Kniephänomens bedeutet, genau zu bestimmen. Am Rumpfe und an den Armen sind unsere Kenntnisse über die Wurzelbezirke sicherer als an den Beinen. Es hat keinen Zweck, hier auf diese Dinge näher einzugehen.

In älteren Lehrbüchern findet man Angaben, wie die, die Erkrankung der Keilstränge hänge mit der Ataxie zusammen, wie der Goll'schen Stränge mit den Blasenstörungen. Dergleichen Aussagen sind natürlich bei unserer jetzigen Auffassung sinnlos.

Ueber die Ursache der Tabes.

Die Unkenntniss, die im Anfange bezüglich der Ursachen der Tabes herrschte, veranlasste die Autoren, alle die Umstände in Betracht zu ziehen, die möglicherweise irgend einen Antheil an der Entstehung der Krankheit haben könnten. Es ist daher auffallend, dass erst verhältnissmässig spät auf den Zusammenhang zwischen Tabes und Syphilis hingewiesen wurde und dass diese Aetiologie von vornherein wenig Beifall fand. Duchenne meinte, manchmal scheine die Syphilis „die einzige rationelle" Ursache der locomotorischen Ataxie zu sein, da aber die Symptome dieselben seien wie in anderen Fällen und da die antisyphilitische Behandlung nichts helfe, liege wohl ein Irrthum vor. Eisenmann und E. Schulze wiesen zwar auf die Wichtigkeit der Syphilis hin, aber ihre Unterlagen waren ungenügend. Erst im Jahre 1876 sprach A. Fournier mit Nachdruck die Ansicht aus, dass die Syphilis eine der häufigsten Ursachen der Tabes sei. Ihm schloss sich Vulpian an, doch meinte dieser, die Syphilis prädisponire nur zur Tabes. Im Jahre 1879 vertrat W. Erb zum ersten Male Fournier's Ansicht. Fournier hatte unter 30 Tabes-Kranken 24 mit früherer Syphilis gefunden. Erb fand 27 unter 44. Schon im gleichen Jahre berichtete Erb über eine Gegenprobe an 85 über 25 Jahre alten Männern, unter denen nur 14 mit Syphilis gefunden wurden. Seitdem hat Erb auf Grund immer steigender Zahlen Fournier's Ansicht am nachdrücklichsten vertheidigt. Nach Erb's erster Veröffentlichung wurden überall Statistiken aufgestellt, freilich oft recht· ungenügender Art. Die Leute nahmen alte Krankenhausnotizen vor, sahen nach, wie oft bei Taboskranken frühere Syphilis angemerkt war, und erzählten dann, sie hätten blos 20 oder 30 % Syphilitische gefunden. Mit besonderer Energie wandten sich die Berliner Neurologen Westphal, Remak, Bernhardt und besonders Leyden gegen die neue Lehre. Auch in Frankreich fand sie Gegner; Julliard und Charvot meinten, die Rückenmarkssyphilis sehe anders aus, als Tabes, Charcot und seine Schule erklärten, die Hérédité nerveuse sei die Ursache der

Tabes, gegen sie komme nichts auf. In der Folge wechselten zustimmende und verneinende Stimmungen mit einander ab. Scherzhaft ist eine Statistik des Berliner L. Meyer, der unter 19 tabeskranken Weibern nicht eine mit früherer Syphilis fand. Ein kräftiger Vertheidiger erwuchs der Fournier'schen Ansicht in W. R. Gowers, der 70 % syphilitische Tabes-Kranke fand (1881). Erb trat 1881 zum ersten Male mit grösseren Zahlen hervor. Er fand unter 100 Tabes-Kranken 88 %, unter 400 anderweiten Kranken 23 % früher Syphilitische. Die Frage ward auf dem internationalen Kongress in London erörtert und Erb vertheidigte nachdrücklich seine Auffassung. Im Jahre 1882 trat Fournier von Neuem hervor und erklärte dass „in der enormen Majorität der Fälle die Tabes syphilitischen Ursprungs sei". Er hatte seit 1875 bei 117 Tabes-Kranken 91,45 % mit Syphilis gefunden. Er betonte, dass die Tabes fast immer im tertiären Stadium beginne (von 89 Fällen in 85 jenseit des 3. Jahres), dass die Syphilis meist mild gewesen sei (in 84 Fällen nie schwere, 10 mal mittelstarke, 6 mal gutartige Syphilis). Erb berichtete 1883 über ein 2. Hundert von Tabes-Kranken: 9 ohne syphilitische Infection; unter 1200 anderweiten Kranken hatte er 22,75 % Inficirte gefunden. In Berlin hatte man unterdess wenigstens einige Fortschritte gemacht. Oppenheim fand 1884 unter 100 Tabes-Kranken 59 ohne Infection. Bernhardt berechnete in 4 zeitlich folgenden Zusammenstellungen 40, 60, 57,6, 83 % Syphilitische. Dies ist ein gutes Beispiel dafür, wie bei wachsender Sorgfalt der Anamnese die Procentzahlen wachsen. Von 1883 an betheiligten sich auch amerikanische Neurologen an dem Streite: Birdsall, L. Weber, Seguin (72,22 %). Ich konnte im Jahre 1884 sagen, dass durch Fournier's und Erb's Statistiken, sowie durch Erb's Gegenprobe der Zusammenhang zwischen Syphilis und Tabes so gut bewiesen sei, wie sich überhaupt in Sachen der Erfahrung etwas beweisen lässt, dass negative Statistiken die positiven nicht ungültig machen können, dass ausser der Statistik zahlreiche Gründe für den Zusammenhang sprechen, dass die Einwände der Gegner nur darthun, Tabes sei nicht tertiäre Syphilis, dass diese Einwände hinfällig werden, wenn man die Tabes als „Nachkrankheit" der Syphilis auffasst, dass es vernünftig sei, die Syphylis in allen Fällen von Tabes bis auf Weiteres als conditio sine qua non oder als causa prima anzusehen. Der Auffassung der Tabes als Nachkraukheit der Syphilis schloss sich Strümpell an, der 90 % Syphilitische unter seinen Tabes-Kranken gefunden hatte; er meinte, es werde bei Syphilitischen im Körper ein Toxin entstehen, das die Tabes hervorrufe, doch wagten weder er, noch andere die „nichtsyphilitische Tabes" zu leugnen. Bedeutungsvoll war eine neue Arbeit Fournier's (1885). Unter 146 neuen Tabes-Kranken Fournier's waren nur 9, bei denen Fournier die Syphilis ausschliessen zu sollen glaubte, und diese Statistik ist deshalb besonders werthvoll, weil Fournier über jeden einzelnen Kranken alles wichtige berichtet. Aus beiden Statistiken Fournier's ergeben sich 93 % früher Syphilitische. Aus dem weiteren Verlaufe ist noch hervorzuheben: der Nachweis, dass in den Völkern und in den Ständen die Häufigkeit der Syphilis und die der Tabes parallel gehen; so fand Minor, dass die letztere bei Juden um so viel seltener ist als bei den Russen wie die erstere, von Verschiedenen wurde die Seltenheit beider Krankheiten bei Geistlichen und Quäkern betont. Mehr und mehr breitete sich die Einsicht in die Richtigkeit der Lehre Fournier's aus. In Berlin z. B. erkannte sie 1889 Oppenheim unumwunden an, in Paris F. Raymond. Aber auch die Nothwendigkeit, ausnahmslos die Tabes für Wirkung der Syphilis zu halten, fand Anerkennung; D. Drummond, P. Marie sprachen sie aus; auch Strümpell neigt dieser Auffassung zu. Unermüdlich blieb Erb in Ansammlung von Material. Er verfügte 1896 über 700 Tabes-Beobachtungen mit 90,35 % Syphilitischen, unter seinen letzten 200 Kranken waren nur 4, bei denen eine Infection nicht wahrscheinlich war[1]).

Als sicheres Ergebniss kann man jetzt Folgendes annehmen: Bei der grossen Mehrzahl der Tabes-Kranken gelingt es, die frühere Syphilis nachzuweisen und Tabes-Kranke, bei denen die Infection unwahrscheinlich wäre, kommen höchst selten vor.

Ehe wir daraus weitere Schlüsse ziehen, sei es gestattet, auf die Bedingungen, unter denen die Tabes auftritt, noch etwas näher einzugehen.

a) Lebensalter. Tabes bei Kindern ist äusserst selten. Wenn man die Literatur durchsucht, gelingt es vielleicht, 12 oder 15 Fälle aufzutreiben, in denen die Tabes vor dem 15. Lebensjahre begonnen hat. Aber fast in allen diesen Fällen war es möglich, die ererbte Syphilis nachzuweisen, so in einigen Fällen Fournier's, in 2 Fällen Gowers', in 3 Fällen B. Remak's, in 1 Falle Strümpell's u. s. f.

---

[1]) Eine ausführliche Darstellung der Geschichte der Tabes-Syphilis-Frage findet man in meinen „Neurologischen Beiträgen", Heft III.

Fast ebenso selten ist die Tabes bei Greisen. O. Berger
z. B. berichtete von einem 74jährigen Tabes-Kranken, der seit
2 Jahren krank war. Er war mit 70 Jahren syphilitisch geworden!
Die Tabes beginnt in etwa ⅔ der Fälle zwischen dem 30. und
dem 40. Lebensjahre, selten vor dem 25. Jahre, selten nach dem
50. Jahre. Darüber sind alle Autoren ziemlich einig.

b) Geschlecht. Die Tabes ist bei Männern viel häufiger als
bei Weibern. Dieser Unterschied besteht nur bei der Tabes (und
der progressiven Paralyse) des jugendlichen Alters nicht, vielmehr
sind hier die weiblichen Kranken um ein Geringes häufiger. Die
Angaben darüber, wie das Verhältniss zwischen tabeskranken Männern und tabeskranken Weibern zahlenmässig auszudrücken sei,
wechseln sehr. Erb hatte unter 600 Tabes-Kranken nur 32 Weiber,
Fournier unter 112 gar nur 2. Manche deutsche Autoren finden ein Verhältniss von 1 : 8, in Berlin hat man 1 : 4,4 gefunden. Offenbar hängen diese Verschiedenheiten theils von der Art
der Clientel, theils von der Zusammensetzung der Bevölkerung überhaupt ab. Alle Autoren geben an, dass bei den Weibern der wohlhabenden Classen die Tabes sehr viel seltener sei als bei den
Armen. Ich fand unter 40 tabeskranken Weibern nur 1 „Dame".
Bis jetzt habe ich etwa 50 tabeskranke Weiber selbst untersucht,
bei der grossen Mehrzahl war die frühere Syphilis sicher oder
höchst wahrscheinlich, bei keiner einzigen unwahrscheinlich. Das Alter
der Erkrankten betrug im Mittel 35 Jahre, das Intervall zwischen
Syphilis und Beginn der Tabes im Mittel 8 Jahre. Von 32 tabischen Patientinnen Erb's waren 14 sicher, 12 höchst wahrscheinlich
inficirt, nur bei 2 war nichts nachzuweisen. Neuerdings berichtet
er von neun neuen Fällen, 6 Kranke waren ganz sicher, 2 ziemlich
sicher, 1 höchst wahrscheinlich syphilitisch gewesen. Mit Recht
setzt er hinzu: Sapienti sat!

c) Land und Stand. In den sogenannten Culturländern
wird wohl überall die Tabes ziemlich gleich häufig sein und werden
auch ihre Beziehungen zu Alter, Geschlecht und Stand überall dieselben sein. Dass sie bei rohen Völkern viel seltener ist als
civilisirten, das scheint auch sicher zu sein. Hier ist die einzige
Stelle, an der Tabes und Syphilis nicht parallel zu gehen scheinen.
Immer wieder wird von Völkerschaften berichtet, bei denen die
Syphilis sehr verbreitet, die Tabes sehr selten sein soll. Freilich
beruhen die Angaben über die Häufigkeit der Syphilis oft auf
recht ungenügenden Unterlagen, im Grossen und Ganzen aber mag
wohl der Bericht richtig sein. Ist er es, so muss man annehmen,

dass noch gewisse Nebenbedingungen erfüllt sein müssen, wenn die Tabes auf die Syphilis folgen soll. Diese Dinge werden sich erst in Zukunft aufklären lassen. Ueberall ist auf jeden Fall jene Incongruenz nicht zu finden, denn z. B. bei den Arabern Nordafrikas haben genauere Untersuchungen gezeigt, dass in eben dem Maasse, wie die Syphilis sich ausbreitet, auch Tabes und progressive Paralyse auftreten.

In den Culturländern besteht ein Gegensatz zwischen Stadt und Land. Auf dem Lande ist die Tabes viel seltener, und je grösser die Stadt ist, um so häufiger wird sie. Richtiger ist es vielleicht, zu sagen, die Tabes wächst mit dem menschlichen Verkehre. Je grösser die Beziehungen zwischen Stadt und Land werden (Heeresdienst, Eisenbahn u. s. w.), um so mehr dringt die Tabes auch in das Land hinaus, und je abgeschlossener eine Gegend oder ein Ort ist, um so seltener trifft man die Tabes.

Sehr deutlich ist die Verschiedenheit der Stände. Sind bei den Weibern, wie schon gesagt wurde, die sogenannten oberen Stände viel weniger betheiligt als die unteren, so ist es bei den Männern umgekehrt. Hier sind die meisten Tabes-Kranken bei den „Gebildeten" zu finden, sie sind häufiger in der Privatpraxis als in der Armenpraxis. Erb's grosse Zahlen sind dort gewonnen. Von 550 Tabes-Kranken Erb's waren 234 Kaufleute und Fabrikanten, 50 Offiziere, 34 Juristen, 24 Professoren, Lehrer u. s. w. 1 Geistlicher. Ganz auffällig ist die Seltenheit der Tabes bei geistlichen Personen. Bouchaud hat es auch für die progressive Paralyse und für den französischen Klerus überzeugend nachgewiesen.

Fasst man das bisher Gesagte zusammen, so ergiebt sich etwa Folgendes. Die Tabes, eine in hohem Grade chronische Krankheit, beginnt in der Regel in einem bestimmten Lebensalter, etwa dem 3. und dem 4. Jahrzehnt, verschont bis auf einige Ausnahmen die beiden ersten Jahrzehnte und das Greisenalter. Sie ist bei Männern sehr viel häufiger als bei Weibern (in grossen Städten etwa 4—5 mal, im Ganzen vielleicht 7—8 mal), sie ist um so häufiger, je grösser die Stadt ist, sie ist in gewissen Ständen höchst selten (besonders bei Geistlichen), bevorzugt andere Stände (Kaufleute, Offiziere, Literaten). Wie soll man sich diese wunderlichen Verhältnisse erklären? Sie deuten auf sociale Verhältnisse hin und doch scheint von vornherein zwischen Tabes und Geschlecht, zwischen Tabes und Stand kein Zusammenhang zu bestehen. Liegt nicht die Frage sehr nahe, ob ähnliche Verhältnisse noch bei anderen Krankheiten wiederkehren? Ja, sie kehren wieder, aber eigentlich nur bei zwei Krankheiten, bei der progressiven Paralyse und bei der Syphilis. Die progressive Paralyse gleicht in allen erwähnten Umständen der Tabes und die Syphilis unterscheidet sich nur durch den einen Umstand, dass sie früher, durchschnittlich im 3. Jahrzehnt beginnt. Bei der progressiven Paralyse fehlt zunächst das Verständniss ebenso wie bei der Tabes. Bei der Syphilis aber wird der Zusammenhang mit den socialen Verhältnissen sofort klar. Man zieht sich die Syphilis zu der Zeit zu, wann der Geschlechtstrieb am lebhaftesten und seine legitime Befriedigung oft nicht möglich ist, d. h. in den 20er Jahren. Neben dem Gros der Fälle erscheinen als Anhängsel einmal die Fälle, in denen die Syphilis mit dem Leben beginnt, d. h. ererbt wird, zum anderen die, in denen sie spät, etwa nach dem 40. Jahre erworben wird. Bemerkenswerth ist, dass bei der Jugend-Tabes der Unterschied der Geschlechter fehlt, ein Umstand, der sich eben dadurch erklärt, dass die ererbte Syphilis sich auf beide Geschlechter annähernd gleich erstreckt. Bei der selbstthätig erworbenen Syphilis muss das männliche Geschlecht bei weitem überwiegen, denn ihre Quelle sind käufliche Weiber, deren jedes eine ganze Anzahl von Männern ansteckt, während diese die Seuche nur ausnahmeweise weitertragen. In den unteren Ständen ist der Geschlechtsverkehr leichter als in den oberen, daher bereitet sich in ihnen die Syphilis und mit ihr die Tabes leichter auf die nicht-käuflichen Weiber aus. Die Männer der oberen Stände befriedigen ihre Geschlechtslust vorwiegend an den Weibern der unteren Stände, heirathen die „Damen" erst spät und sind, wenn sie sich angesteckt haben, meist so vorsichtig, mehrere Jahre mit der Heirath zu warten. Die Zahl der käuflichen Weiber und die Sittenlosigkeit sind in der Stadt grösser als auf dem Lande, wachsen mit der Grösse der Stadt und mit dem Verkehre überhaupt. Die Stände, deren Mehrzahl sittenstreng ist, bleiben verschont, die aber, bei denen „Weltlust" häufig ist, stellen die meisten Opfer. Somit erklären sich alle scheinbaren Wunderlichkeiten sofort und vollständig durch die Beziehung zur Syphilis und nur durch sie. Was räthselhaft war, wird sofort klar, wenn wir den Zusammenhang annehmen. Der chronischen Krankheit Syphilis folgt die chronische Krankheit Tabes auf Schritt und Tritt, nur dass immer Jahre dazwischen liegen. Das Intervall zwischen Syphilis und Tabes ist freilich sehr verschieden, es kann 2—20 Jahre betragen, schwankt in der Mehrzahl der Fälle zwischen 5 und 15 Jahren, beträgt durchschnittlich 7—8 Jahre. Alles was hier von der Tabes gesagt worden ist, gilt ganz ebenso von der progressiven Paralyse. Mag man nun in ihr die Tabes des Gehirns, oder eine besondere Krankheit sehen, auf jeden Fall gelten die für die Tabes gezogenen Schlüsse auch für sie und die beiden Schlussketten stärken sozusagen einander.

Wir haben also einmal den statistischen Nachweis, dass die grosse Mehrzahl der Tabes-Kranken syphilitisch geworden ist, zum andern den Nachweis, dass die Eigenthümlichkeiten des Auftretens der Tabes sich nur unter der Voraussetzung früherer Syphilis verstehen lassen. An dritter Stelle steht der Nachweis, dass nur ein chronisch wirkendes Gift als Ursache der Tabes denkbar ist.

Die Tabes beginnt mit lanzinirenden Schmerzen in den Beinen und mit Blasenstörung, oft auch mit Beeinträchtigung des Sehvermögens; man findet im Anfange reflectorische Pupillenstarre und Fehlen des Kniephänomens. Dabei sind in der Regel beide Seiten annähernd gleichmässig betroffen. Aus diesen Thatsachen muss man schliessen, dass die die Tabes bewirkende Schädlichkeit im ganzen Körper vorhanden sein müsse, denn eine örtliche Schädlichkeit könnte nicht Kopf, Blase und Beine zugleich treffen, könnte nicht annähernd symmetrische Symptome bewirken. Es kann nun eine Schädlichkeit nicht wohl anders den ganzen Körper treffen, als wenn sie im Blute kreist. Die Tabes-Ursache muss also im Blute sein. Da trotzdem nur bestimmte Theile, diese aber bei allen Völkern, bei allen Ständen, bei beiden Geschlechtern in gleicher Weise beschädigt werden, so muss der im Blute enthaltene Stoff eine Auswahl treffen können. Mechanische Einrichtungen im menschlichen Körper, die diese Auswahl erklärten, sind nicht vorhanden. Die Function der Organe kann auch nicht schuld sein, denn die Tabes-Kranken üben keine Function aus, die die anderen Menschen nicht auch ausübten. Folglich kann man nur an zweierlei denken: an die Auswahl lebender Wesen oder an chemische Wahlverwandtschaft, mit anderen Worten, es muss sich entweder um Bakterien oder um ein nur chemisches Gift handeln. Zu dem gleichen Ergebnisse führt die anatomische Untersuchung. Auch diese zeigt annähernd symmetrische Veränderungen an ganz verschiedenen Körperstellen, am Nervus opticus, im Mittelhirn, an den Fortsätzen der Spinalganglienzellen, an peripherischen Nerven. Die Veränderungen bestehen in dem Absterben gewisser Nervenfasern und -Zellen, und zwar werden innerhalb grösserer Bündel nur bestimmte Gruppen beschädigt, die bestimmten Functionen dienen. Aus dem blossen Anblicke der tabischen Präparate kann man schliessen: Solche Veränderungen kann nur ein im Blute kreisendes Gift verursachen. Welches Gift aber käme ausser dem der Syphilis in Frage? Der Gewalt aller dieser Gründe haben sich denn auch die meisten Autoren nicht entziehen können. Sie glauben daher, dass die Tabes „oft" oder „in der Regel" Wirkung der Syphilis sei, oder sie sagen, die Syphilis sei die „wichtigste Ursache" der Tabes. Ich glaube, dass man dabei nicht stehen bleiben dürfe, dass man in der Syphilis schlechtweg und immer die Ursache der Tabes zu erblicken habe. Durch die vertrauenswerthesten Statistiken sind neunzig Procent erledigt, es handelt sich nun noch um die letzten 10. Die Führer im Streite, Fournier und Erb, stocken vor diesen letzten Zehn. Man dürfe nicht annehmen, dass die Syphilis immer Ursache der Tabes sei, weil es in 1 von 10 Fällen nicht gelingt, die frühere Infection nachzuweisen. Ich meine, man muss sich bloss darüber wundern, dass es in 90 % gelingt, bei der Schwierigkeit der Sache, bei der Hartnäckigkeit, mit der die Infection verschwiegen wird, bei der Häufigkeit der Syphilis ignorée ou occulte. Hirschl in Wien hat gefunden, dass es bei tertiärer Syphilis, wo über die Diagnose gar kein Zweifel war, in mehr als einem Drittel der Fälle nicht gelang, die Infection nachzuweisen. Abgesehen von der Statistik hat doch die Vernunft auch noch ein Wort zu sagen. Findet man irgendwo ein Krankheitbild mit charakteristischen Zügen, so fällt es doch niemand mehr ein, anzunehmen, es habe bald diese, bald jene Ursache. Glaubt man denn, dass die Malaria heute durch Plasmodien und morgen ohne sie entstehe, dass der Tetanus bald durch Nicolaier's Bakterien, bald durch Erkältung bewirkt werde? Wenn in 10 Fällen von epidemischer Cholera die Vibrionen in 9 gefunden werden und im 10. nicht, so glaubt man doch nicht, dass der 10. Fall etwa durch Diätfehler entstanden sei, die 9 anderen aber durch die Cholerabakterien. Wo aber ist eine Krankheit, die eigenartiger wäre als die Tabes, deren Züge bis in das Einzelne ausgearbeitet sind, die nirgends ihresgleichen hat? Und gerade diese sollte keinen einheitlichen Ursprung haben! Je länger ich darüber nachdenke, um so fester glaube ich, dass die Tabes nie ohne Syphilis entstehe, und ich bin überzeugt, dass diese Ansicht in nicht zu ferner Zeit allgemein sein werde. Tabes und progressive Paralyse sind Metasyphilis oder metasyphilistischer Nervenschwund, d. h. primäre Atrophie nervöser Theile, deren conditio sine qua non die Syphilis ist.

Von Anfang an legten die Gegner das Hauptgewicht auf zwei Umstände: 1) Dass die anatomischen Veränderungen bei Tabes den sonst als syphilitisch bekannten nicht gleichen, und 2) dass Quecksilber und Jod gegen die Tabes nichts nützen. Die Thatsachen sind richtig. Die Tabes ist Parenchym-Schwund, nicht syphilitische Neubildung und die antisyphilitische Behandlung wirkt auf sie zum mindesten nicht so, wie sie auf die Gummibildung wirkt. Die Tabes gleicht somit den übrigen Erscheinungen der Syphilis nicht. Dies und der Umstand, dass die Tabes der Syphilis verhältnissmässig spät folgt, suchte ich im Jahre 1884 dadurch auszudrücken, dass ich jene als „Nachkrankheit" oder „Folgekrankheit" dieser bezeichnete; denselben Sinn hat der Ausdruck „Metasyphilis". Ueber das Wie der causalen Verknüpfung wollte ich damit nichts aussagen und darüber weiss man auch heute gar nichts. Wir können uns nur auf analoge Verhältnisse beziehen. Wie Strümpell mit Recht hervorgehoben hat, steht die Tabes in demselben Verhältnisse zur Syphilis wie die diphtherische Lähmung zur Diphtherie. Die Unterschiede erklären sich durch die Unterschiede zwischen Syphilis und Diphtherie. Diese ist eine acute, jene eine chronische Infectionskrankheit und um so viel jene chronischer ist, um eben so viel tritt die Tabes später nach der Infection ein und verläuft chronischer als die diphtherische Lähmung. Dass die tabischen Veränderungen in der Regel unheilbar sind, das erklärt sich dadurch, dass an den betroffenen Stellen des Nervensystems überhaupt keine Regeneration eintritt; die spinalen Herde nach Pocken z. B. sind ja auch unheilbar. Insoweit als bei der Tabes die peripherischen Fasern primär erkranken, sind auch die tabischen Symptome heilbar. Am erstaunlichsten ist der progressive Charakter der Tabes. Sollte nicht auch er sein Vorbild in dem Verlaufe der Syphilis haben? Wir vermögen zwar die einmal vorhandenen syphilitischen Symptome durch die Behandlung zu beseitigen, sind aber eigentlich nicht im Stande, den Verlauf der Syphilis aufzuhalten. Im strengen Sinne des Wortes sind übrigens beide Krankheiten nicht immer progressiv, denn in vielen Fällen von Tabes tritt Stillestand bis zum Ende des Lebens ein. Bemerkenswerther Weise entwickelt sich auch die Tabes nicht selten in Schüben, wie es die Syphilis thut. Strümpell's Annahme, dass die Tabes im Gegensatze zu dem Gummi nicht durch die Syphilisbakterien selbst, sondern durch ein von ihnen abstammendes Toxin entstehe, hat viel Beifall gefunden. Nun nimmt man aber jetzt doch wohl an, dass auch die tertiären Producte nicht durch das blosse Dasein von Bakterien, sondern durch das von ihnen abgesonderte Gift entstehen. Wir werden also Toxine verschiedener Ordnung zu unterscheiden haben. Bei alledem schwebt man aber doch über dem Boden der Thatsachen, in der Luft. Noch mehr gilt dies von der Hypothese Hitzig's, der annimmt, die Tabes verdanke ihr Dasein einem eigenartigen Gifte, das sowohl in dem syphilitischen Schanker als in dem Ulcus molle vorhanden sein könne. Ich meine, der Kliniker könne sich vorerst mit den Thatsachen begnügen, er könne den Bakteriologen und den Chemikern auch ihr Theil an der Arbeit lassen.

Von allen Seiten wird angegeben, dass in der Regel die der Tabes vorausgehende Syphilis gutartig gewesen sei, insofern als die secundären und die tertiären Symptome sich wenig bemerklich gemacht haben. Ausnahmefälle sind freilich nicht selten. Man kann fragen, ob wirklich eine Infection, der Metasyphilis folgt, gutartig zu nennen sei, und ob nicht die Mehrzahl der Inficirten sich so verhalte wie die später an Tabes Erkrankenden. Diese Frage könnten am ehesten die Syphilidologen entscheiden. Fournier glaubte, die Tabes folge deshalb so oft auf anscheinend gutartige Infectionen, weil in diesen Fällen die antisyphilitische Behandlung ungenügend gewesen sei. Es liegt auf der Hand, dass dieser Schluss bedenklich ist, und Fournier selbst hat zugegeben, dass auch in seinem Sinne „ausreichend" Behandelte an Tabes erkranken. Auf die weitere Frage, wie viele der Inficirten später an Tabes erkranken, kann man noch nicht antworten. Auch hier könnten die Syphilidologen helfen, nur dürfen nicht Krankenhaus-Beobachtungen zu Grunde gelegt werden. Sicher ist, dass nur der kleinere Theil der Syphilitischen tabisch wird. Es müssen also Gründe für die Auswahl, d. h. Nebenbedingungen oder Hilfsursachen der Tabes, vorhanden sein. Man könnte denken, dass oft der Zufall eine Rolle spiele, wie man auch dafür, dass der Eine eine Iritis oder eine Orchitis syphilitica bekommt, der Andere nicht, keine besondere Erklärung fordert. Auf jeden Fall weiss man bis jetzt über die Nebenbedingungen recht wenig.

Die Hilfsursachen der Tabes. Das Nächste ist, anzunehmen, dass die Theile von starker Function besonders bedroht seien. In Beziehung auf die Tabes scheint mir folgender Gedanke beachtenswerth zu sein. Die Function des Nervensystems, besonders der empfindenden Theile, ist in gewissem Sinne der Entwickelung der Civilisation proportional. Man könnte daher annehmen, dass mit der steigenden Civilisation die Tabes-Gefahr wachse. Damit würde sich die von verschiedenen Seiten gemachte Angabe, dass bei gewissen uncivilisirten Völkerschaften die Syphilis häufig, die Tabes selten sei, vereinigen lassen. Auch ist es auffällig, dass trotz der Häufigkeit der ererbten Syphilis die Tabes im Jugendalter doch recht selten zu sein scheint.

Ebenso wie gesteigerte Function kann man die neuropathische Belastung als Hilfsursache ansehen. Auch diese wächst mit der Civilisation und vielleicht rascher als diese. Immerhin scheint mir doch nach meiner eigenen Erfahrung die Bedeutung der Vererbung bei der Tabes recht gering zu sein. Ich habe wohl zuerst auf diesen Punkt hingewiesen (1879). Ich fand unter 61 Tabes-Kranken nur 1, in dem ein Familienglied an Tabes gelitten hatte, und 6, bei denen anderweite Nervenkrankheiten (Lähmung, Epilepsie, Nervosität) in der Familie vorgekommen waren. Später haben sich Erb und Strümpell im gleichen Sinne ausgesprochen. Erb fand unter 279 Tabes-Kranken 77 mit neuropathischer Belastung, nur 2 mit anscheinend directer Vererbung, d. h. 2 mal Tabes bei Vater und Sohn; 2 mal hatten 2 syphilitische Brüder Tabes. Nur Charcot's Schüler haben behauptet, die „Hérédité nerveuse" spiele eine wichtige Rolle. Ballet und Landouzy fanden in 101 Fällen: keine bekannte Ursache 52 mal, sichere Syphilis 14 mal, wahrscheinliche Syphilis 11 mal, sichere „Hérédité nerveuse" 17 mal, wahrscheinliche Vererbung 7 mal. Der geringe Werth dieser Statistik ergiebt sich schon aus den kleinen Syphilis-Zahlen. Unter Hérédité nerveuse sind alle möglichen Nervenkrankheiten der Familie begriffen. Ich mache mich anheischig, unter beliebigen 100 Kranken 24 zu finden, bei denen irgend welche Nervenkrankheiten in der Familie vorgekommen sind. Möglich ist übrigens immerhin, dass ein Neuropathischer, wenn er syphilitisch geworden ist, mehr Gefahr läuft, tabisch zu werden, als ein anderer Syphilitischer, dass bei ihm sozusagen das Nervensystem ein locus minoris resistentiae ist. Darauf scheint der Umstand hinzudeuten, dass in manchen Familien 2 oder 3 Fälle von Tabes, bez. progressiver Paralyse, vorkommen. Es sind aber derartige Auffassungen nichts mehr als Vermuthungen, und es ist sicher, dass in der Mehrzahl der Tabes-Fälle die erbliche Belastung gar keine Rolle spielt.

Dass der Alkohol eine Hilfsursache der Tabes genannt werden dürfe, glaube ich nicht. Er kommt auch in den Statistiken recht wenig in Betracht; ich finde ihn in etwa 10 % genannt. Wahrscheinlich würde man unter 100 Männern aus den wohlhabenden Ständen, die nicht tabeskrank sind, leicht 10 und mehr Leute finden, die geistige Getränke im Uebermaasse genossen haben. So berechtigt der Kampf gegen den Alkohol ist, man darf ihn deshalb nicht immer zum Sündenbocke machen.

Dass der Tabak-Missbrauch bei der Tabes in Frage komme, ist eine ganz und gar unbewiesene und im höchsten Grade unwahrscheinliche Behauptung.

Dagegen ist die Erkältung sicher nicht bedeutungslos. Sie galt früher für die Hauptursache der Tabes, und es giebt auch heute noch Autoren, die sie dafür halten. Besonders die Kranken selbst pflegen sehr für diese Aetiologie eingenommen zu sein. Theils ist der Vorgang der, dass sie Schmerzen in den Beinen fühlen, die sie selbst und die Umgebung rheumatisch nennen, und dass sie dann den Schluss machen: wenn ich rheumatische Schmerzen habe, so muss ich mich erkältet haben. Theils können die Kranken wirklich auf eine Erkältung hinweisen, die dem ersten Auftreten der Schmerzen vorausgegangen ist. In den letzteren Fällen ist natürlich anzunehmen, dass schon vorher tabische Veränderungen vorhanden waren, dass aber die Erkältung Gelegenheitursache der ersten Schmerzen war, gerade so wie bei schon nachgewiesener Tabes nicht selten ein Schmerzanfall durch Erkältung hervorgerufen wird. Eine grössere Bedeutung ist vielleicht der sozusagen chronischen Erkältung zuzuschreiben, dem Wohnen in feuchten Wohnungen, dem Arbeiten im Wasser, dem Biwakiren im Felde u. s. w. Es wäre denkbar, dass mancher Syphilitische von der Tabes verschont geblieben wäre, wenn er sich nicht den wiederholten Erkältungen ausgesetzt hätte. Andererseits vertragen unzählige Menschen die letzteren ohne wesentlichen Schaden und es ist bei einem grossen Theile der Tabes-Kranken gar keine Rede von wiederholter Erkältung.

Noch viel unfassbarer ist der Begriff der Strapazen. Die meisten Männer müssen sich Strapazen aussetzen, aber die wenigsten Tabes-Kranken haben es gethan. Dass bei einem schon kranken Menschen Strapazen nachtheilig sein können, dass sie besonders Tabes-Kranken schaden können, das liegt auf der Hand.

Viel Mühe ist der Frage gewidmet worden, ob es eine „traumatische" Tabes gebe. Hitzig hat sich der Arbeit unterzogen, die unter diesem Titel veröffentlichten Beobachtungen zu prüfen, und er hat von 35 Fällen nur 6 übrig behalten, die „der Kritik einigermassen Stand halten". Auch in den „kritikfähigen" Fällen pflegt der Nachweis, dass vor dem Trauma keine tabischen Veränderungen vorhanden waren, zu fehlen. Dass ein Trauma allein die Tabes hervorrufen sollte, das ist so unsinnig, dass man nicht ernsthaft darauf einzugehen braucht. Verständigerweise könnte man nur annehmen, dass das Trauma verschlimmernd oder localisirend wirke. Nicht selten wird angegeben, dass die tabischen Schmerzen zuerst in einem verletzten Gliede eingetreten seien. Selbstverständlich kommt auch die Verknüpfung von Tabes mit traumatischer Hysterie vor. Es würde Zeitverschwendung sein, noch auf das alles, was gelegentlich als Tabesursache genannt wird, einzugehen: geschlechtliche Ueberreizungen, Spermatorrhoe, puerperale Vorgänge, Blutungen, acute Krankheiten, Gemüthsbewegungen, Nachtwachen u. s. f. Selbstverständlich sind das alles Schädlichkeiten, die die Widerstandsfähigkeit vermindern und damit die Entwickelung beliebiger Krankheiten, darunter auch der Tabes, fördern können, aber irgend eine directe Beziehung zum tabischen Processe dürfte ihnen nicht zukommen. Als man sich darüber klar geworden war, dass einerseits in der Mehrzahl der Fälle die Tabes-Kranken syphilitisch sind, die Tabes andererseits nur als Giftwirkung verständlich wird, meinten Manche, vielleicht möchten ausser dem syphilitischen auch andere Gifte gelegentlich Tabes-Ursache sein. Besonders schienen die Beobachtungen Tuczek's, der bei Ergotinvergiftung eine chronische Erkrankung mit einzelnen tabischen Zügen und mit Degeneration der Hinterstränge gefunden hat, auf diesen Gedanken hinzuweisen und man sprach von einer „Ergotin-Tabes". Dass es sich bei der Ergotin-Vergiftung weder klinisch, noch anatomisch um wirkliche Tabes handelt, das hat Tuczek selbst nachgewiesen und Niemand hat bisher ein Gift aufgefunden, das auch Tabes bewirken könnte. Es ist auch im höchsten Grade unwahrscheinlich, dass es ein solches Gift giebt, denn in der ganzen Pathologie existirt kein Beispiel dafür, dass 2 Gifte genau dasselbe Krankheitbild hervorrufen sollten, am wenigsten ein Krankheitbild so eigener Art wie die Tabes. —

Ueber die Erkennung der Tabes.

Die Diagnose der Tabes ist in der Regel sehr leicht. Die auch heute noch vielfach vorkommenden Missgriffe sind nicht sowohl Folgen der sachlichen Schwierigkeit, als Folgen schlechter, flüchtiger Untersuchung. Es kommt nur darauf an, zu wissen, welche Zeichen die Tabes hat, und dann, wenn eins dieser Zeichen vorkommt, auf Tabes zu untersuchen. Denkt der Arzt überhaupt an die Tabes und prüft er planmässig, ob die Hauptzeichen da sind, so wird er selten eine Tabes verkennen. Stellt sich z. B. ein Kranker mit Blasenbeschwerden vor, oder mit Magenschmerzen, oder mit Krampfhusten, ohne dass eine handgreifliche Veränderung der Organe nachzuweisen ist, so muss man an Tabes denken. Wer bei einer Augenmuskellähmung, bei einer Arthropathie nach Art der tabischen, bei einem Mal perforant, bei Parästhesieen in beiden Ulnarisgebieten, bei stechenden Schmerzen in den Beinen nicht zuerst an Tabes denkt, der hat eben nicht die nöthigen Kenntnisse.

Ist irgend ein Zeichen, das zu denen der Tabes gehört, vorhanden, so sind zuerst die Pupillen zu untersuchen. Findet man reflectorische Pupillenstarre, so ist die Sache schon so gut wie entschieden. Die reflectorische Pupillenstarre ist das einzige Symptom, das, wenn die überaus seltenen anderweit in Betracht kommenden Läsionen (bes. Tumoren der Vierhügelgegend) auszuschliessen sind, für sich allein zur Tabes-Diagnose ausreicht. Practisch genommen heisst reflectorische Pupillenstarre soviel wie Tabes.

Zu zweit ist das Kniephänomen zu untersuchen, es fehlt bei Tabes in der Regel, kann aber auch vorhanden, ja vorübergehend gesteigert sein, und es kann auch bei anderen Krankheiten (Neuritis, Lendenmarkmyelitis, Syringomyelie, Kleinhirntumor u. s. w.) fehlen. Demnach ist das Verhalten des Kniephänomens viel weniger wichtig als das der Pupillen, und das Fehlen des Kniephänomens kann nur im Vereine mit anderen Zeichen zur Diagnose Tabes berechtigen.

An dritter Stelle stehen die lancinirenden Schmerzen. Sie sind sehr charakteristisch, sie kommen in gleicher Art wie bei Tabes anderwärts sehr selten vor, eigentlich nur bei einigen Polyneuritisformen. Freilich nicht jeder Schmerz in den Beinen gilt, sondern als diagnostisches Zeichen sind besonders die stechenden, bald da bald dort auftretenden, vorwiegend im Fleische sitzenden, anfallsweise wiederkehrenden, mit Ueberempfindlichkeit der Haut verbundenen Schmerzen zu betrachten.

An vierter Stelle stehen die Blasenbeschwerden. Findet man Fehlen des Kniephänomens und lancinirende Schmerzen, so kommt ausser der Tabes eigentlich nur Polyneuritis in Betracht. Sind aber auch Blasenbeschwerden da, so kann man letztere mit Wahrscheinlichkeit ausschliessen. Man könnte noch an Diabetes denken und muss auf jeden Fall den Harn untersuchen. Ist Zucker da, so wird gewöhnlich das Verhalten der Pupillen entscheiden, denn reflectorische Pupillenstarre gehört nicht zu den Diabeteszeichen. Bei normalen Pupillen müsste die Diagnose zwischen Tabes und Diabetes sich auf das gesammte Bild stützen. Vorübergehend kann die Entscheidung unmöglich sein.

Reflectorische Pupillenstarre, Fehlen des Kniephänomens, lancinirende Schmerzen und Blasenbeschwerden bilden den Grundstock der Tabes. Wenn sie fehlen, ist überhaupt nur eine Wahrscheinlichkeitdiagnose zu machen. Immerhin können einzelne Zeichen ihnen vorausgehen. Zu den ersten Zeichen können gehören: Sehnerven-Atrophie, Augenmuskellähmungen, Kehlkopf-Krisen und -Lähmungen, Magen-Krisen, Ataxie und sensorische Störungen, Knochenbrüchigkeit und manche andere seltenere Symptome.

Die Sehnerven-Atrophie, d. h. die in der Aussenhälfte der Papille beginnende, langsam fortschreitende weissliche Verfärbung der Papille mit Verdünnung der Gefässe ohne anderweite Veränderungen ist wenigstens annähernd pathognostisch und macht, wenn sie allein auftritt, die Tabes sehr wahrscheinlich.

Die Mehrzahl aller Augenmuskellähmungen ist tabisch. Tritt eine isolirte Augenmuskellähmung bei einem tabesfähigen Individuum auf, d. h. bei einem Menschen, der vor mehreren Jahren Syphilis gehabt hat, so ist Tabes wahrscheinlicher als etwas anderes. Augenmuskellähmungen durch tertiäre Syphilis sind fast stets mit heftigen Schmerzen verbunden. Die bei beginnender Tabes dagegen sind schmerzlos und fast immer vorübergehend. Wegen des letzteren Umstandes entsteht der Anschein, als wichen sie der antisyphilitischen Therapie, und viele Aerzte rechnen sie deshalb zu den

5*

syphilitischen Augenmuskellähmungen. Besonders charakteristisch für Tabes sind die einer geringen Entartung der ganzen Kerngegend entsprechenden Lähmungen: doppelseitige Abducensparese, Erschwerung aller Augenbewegungen, die sich durch nystagmusartige Zuckungen in den Endstellungen kundgiebt. Auch Ophthalmoplegia interior oder isolirte Accommodationaufhebung bei Tabesfähigen machen die Diagnose sehr wahrscheinlich.

Bei isolirten Kehlkopflähmungen sind natürlich örtliche Ursache, besonders Druck auf die Nervus recurrens, auszuschliessen. Ist dies geschehen und ist dem Patienten Tabes zuzutrauen, so hat diese wieder die erste Stelle.

Magen-Krisen kommen fast ausschiesslich bei Tabes vor. Hat man nur Einmal einen charakteristischen Anfall gesehen, so ist man nicht mehr in Gefahr, die Magenkrise mit einer Gallensteinkolik oder einem sog. Magenkrampfe oder sonst etwas zu verwechseln. Ausser der Tabes kommen Magenkrisen eigentlich nur in jenen äusserst seltenen Fällen vor, in denen sie das einzige Leiden darstellen, den Kranken von Jugend auf begleiten, Fälle, deren Beziehungen zur Tabes noch durchaus nicht klar sind. Es giebt allerdings tabische Magenkrisen, die nichts Charakteristisches haben, unvollständige Anfälle, aus denen allein man die Diagnose nicht machen kann.

Die Ataxie tritt höchst selten als erstes Symptom auf. Ich erinnere mich nur 1 Falles, in dem neben beginnender Sehnervenatrophie die Ataxie mit den sie bewirkenden Sensibilitätstörungen das erste Symptom war, ohne Pupillenstarre, ohne Fehlen des Kniephänomens, ohne Schmerzen und Blasenstörung. In solchen Fällen ist natürlich die Diagnose unsicher.

Recht eigenartig wieder sind die Knochen-Erkrankungen. Die Knochenbrüchigkeit kann sich sehr früh zeigen, kann wahrscheinlich das 1. Zeichen sein. Bei jedem Knochenbruche ohne zureichende äussere Ursache muss man an Tabes denken. Auch die Arthropathieen können ohne Weiteres zur Diagnose führen. Wenn über Nacht ohne Veranlassung und ohne Schmerzen eine mächtige Gelenkschwellung mit Krachen im Gelenk sich entwickelt, so ist die Tabes der erste Gedanke. Nur wer keine eigene Erfahrung hat, wer etwa bloss anatomische Präparate kennt, kann die Eigenart der tabischen Gelenkerkrankungen leugnen. Dasselbe Verhältniss liegt bei dem tabischen Zahnausfalle vor, ein ähnliches beim mal perforant und bei manchen anderen Symptomen.

Die ausgebildete Tabes zu verkennen, ist bei einiger Aufmerksamkeit kaum möglich. Wohl aber kann es schwer werden, zu entscheiden, ob nur Tabes oder noch etwas anderes besteht, oder ob neben etwas anderem auch noch Tabes besteht.

Zunächst ist die Unterscheidung von Tabes und progressiver Paralyse zu besprechen. Wie ich früher auseinandergesetzt habe, halte ich dafür, dass es eigentlich nur Eine Tabes-Paralyse giebt, dass aber die Krankheit bald vorwiegend das Gehirn schädigt (progressive Paralyse oder Tabes des Gehirns), bald vorwiegend die peripherisch-spinalen Bahnen (Tabes oder progressive Paralyse des Rückenmarkes), bald beide zugleich (Tabes-Paralyse s. str.).

Im practischen Leben jedoch ist es sehr wesentlich, die im Wesen verwandten, klinisch aber doch verschiedenen Formen zu trennen. Ist die progressive Paralyse zweifellos vorhanden, so hat es practisch wenig zu bedeuten, ob auch eigentlich tabische Symptome vorhanden sind oder nicht. Dagegen kann es von grosser Wichtigkeit sein, rechtzeitig zu erkennen, ob unter den tabischen paralytische Symptome auftreten. Im Anfange ist nicht selten ein sicheres Urtheil darüber, wie sich der weitere Verlauf gestalten wird, nicht möglich. Hat z. B. ein Patient etwa nur Abducenslähmung und reflectorische Pupillenstarre, so können im Weiteren sowohl weitere tabische oder auch paralytische Symptome hinzutreten. In solchen Fällen sind die geringsten Zeichen von Paralyse, z. B. Beben der Zunge, Zittern der Mundmuskeln, von grosser Wichtigkeit. Doch darf man, auch wenn solche gefunden werden, sich den Angehörigen gegenüber nicht zu bestimmt aussprechen. Denn es giebt Fälle von Tabes mit sozusagen abortiver Paralyse, d. h. es kann sich die Tabes wie gewöhnlich weiter entwickeln, während es bei einigen Paralyse-Symptomen bleibt, wenigstens die Weiterentwickelung der Paralyse sehr lange auf sich warten lässt. Auch im Verlaufe einer nicht mehr zu bezweifelnden Tabes können paralytische Symptome auftreten, ohne dass eine vollständige progressive Paralyse daraus würde. So kommen bei Tabischen apoplectiforme oder epileptiforme Anfälle vor, die als paralytische zu bezeichnen sind, oder es entwickelt sich ein leichter Schwachsinn, der stationär bleibt, oder es tritt Zittern der Hände ein. Findet man bei beginnender Paralyse tabische Symptome (Fehlen des Kniephänomens, Blasenstörung, lancinirende Schmerzen u. A.), so hat der Nachweis insofern einen prognostischen Werth, als im Allgemeinen die Paralyse mit tabischen Symptomen langsamer verläuft, als die ohne solche, bei der dann gewöhnlich sogen. Seitenstrang-Symptome auftreten: Steigerung der Reflexe, Spasmen. Die reflectorische Pupillenstarre kann bei beiden Formen der progressiven Paralyse gefunden werden.

Tabes kann mit tertiärer Syphilis zusammen gefunden werden und es ist möglich, dass neben den Zeichen der Lues cerebrospinalis die der Tabes übersehen werden und dass das Umgekehrte geschieht. Es kann z. B. das Bild der Meningomyelitis dorsalis bestehen, daneben aber reflectorische Pupillenstarre. Oder es kann neben der Tabes eine auf schwieliger Meningitis der Gehirnbasis beruhende multiple Hirnnervenlähmung vorkommen. Wenn einzelne Symptome bei einem Tabischen auf tertiärer Syphilis des Nervensystems zu deuten scheinen, ist natürlich die antisyphilitische Behandlung indicirt. Findet man bei Lues cerebrospinalis einzelne tabische Zeichen, so sinkt die auf antisyphilitische Behandlung gesetzte Hoffnung.

Tabes kommt mit Morbus Basedowii zusammen vor. Selten ist neben ihr die ausgebildete Basedow-Krankheit vorhanden, häufiger findet man einige Zeichen der Krankheit, z. B. geringe Struma, beschleunigten Puls und etwas Exophthalmus. Vielleicht ist auch die Tachykardie, die Viele zu den Tabes-Symptomen zählen, als Basedow-Zeichen zu betrachten. Es kann sich um Tabes-Kranke mit einer alten, sozusagen idiopathischen Struma handeln, in anderen Fällen ist der Zusammenhang wahrscheinlich der, dass eine chronische syphilitische Thyreoiditis Ursache der Basedow-Symptome wird.

Ueber die Verbindung der Tabes mit der Hysterie hat man viel geschrieben. Da beide Krankheiten häufig sind, ist es kein Wunder, wenn sie manchmal zusammen vorkommen. Entweder haben sie gar keinen ursächlichen Zusammenhang: Ein hysterischer Mensch wird syphilitisch und infolgedessen tabisch. Oder die Tabes kann agent provocateur sein: Die Tabeszeichen, besonders die Schmerzen, rufen die schlummernde hysterische Anlage wach. Ernstliche diagnostische Schwierigkeiten können durch die Verknüpfung tabischer und hysterischer Symptome kaum entstehen. Man kann wohl zweifeln, ob dieser Schmerz, jene Parästhesie oder Anästhesie zur Tabes oder zur Hysterie zu rechnen sei, die Hysterie kann die Ataxie karrikiren, aber damit wird die Diagnose doch nur in Nebensachen schwierig. Am ehesten kann man die neben der Tabes vorhandene wenig ausgesprochene Hysterie übersehen und manche therapeutische Triumphe mögen auf einem solchen Irrthume beruhen. Die Tabes mit der Hysterie verwechseln kann nur ein Unwissender. Es könnte wohl ein hysterisches Individuum im Krankenhause oder sonst im Umgange mit Tabischen deren Schmerzen, Empfindungen und Bewegungsstörungen kennen lernen und instinktiv nachahmen, aber dann fehlen eben doch die Hauptsymptome: die reflectorische Pupillenstarre, der Verlust des Kniephänomens, kurz alle durch Suggestion nicht erzeugbaren Tabes-Zeichen und andererseits fehlen dann sicher nicht anderweite Zeichen der Hysterie, die den Untersucher auf den richtigen Weg leiten. Dass ein Tabischer für nur hysterisch gehalten würde, ist kaum denkbar, wenigstens wäre das ein so grober Fehler, dass man an an der Belehrung eines Arztes, der ihn machte, verzweifeln müsste. Ein einziges objectives Tabes-Symptom reicht ja aus, um die Diagnose „Nur-Hysterie" zu entkräften.

Ebenso wenig ernsthaft ist die Gefahr, Tabes und Hypochondrie zu verwechseln. Von Zeit zu Zeit kommen jüngere Aerzte und auch wohl andere Leute, die sich wegen ihrer Jugendsünden Sorgen machen und an sich die beginnende Tabes gefunden zu haben glauben. Das Fehlen jedweden objectiven Symptomes macht gewöhnlich die Entscheidung leicht, wenn man auch in solchen Fällen nicht immer für die Zukunft gut stehen kann. Dass ein wirklich Tabischer für einen Hypochonder gehalten wird, das ist leider keine Seltenheit. Es geschieht nur dann, wenn der untersuchende Arzt unwissend ist oder liederlich untersucht. Findet sich nichts, werden aber die Schmerzen als Tabesschmerzen geschildert und ist Syphilis vorausgegangen, so muss man eben die Sache dahingestellt sein lassen und warten. Für den Sachverständigen sind die tabischen Beschwerden, die Art und Weise, wie über sie geklagt wird, so verschieden von der hysterischen und der hypochondrischen Art, dass gewöhnlich von vornherein kein Zweifel besteht.

Unter der unpassenden Bezeichnung „Pseudotabes" hat man eine Anzahl ganz verschiedenartiger Zustände zusammengefasst. Zunächst verschiedene Neuritisformen. Von ihnen kann eigentlich nur die Alkoholneuritis gelegentlich zu diagnostischen Schwierigkeiten Anlass geben. Fehlt die reflectorische Pupillenstarre, so kann eine Zeit lang ein sicheres Urtheil unmöglich sein. Natürlich können auch Tabes und Alkoholneuritis zusammen vorkommen. Ein angehender Tabischer z. B. mit Pupillenstarre und Blitzschmerzen kann alkoholische Parästhesieen und Lähmungen bekommen. Dann gilt es eben, vorsichtig vorzugehen und die Dinge auseinander zu legen. Auch die Unterscheidung zwischen Tabes und Diabetes ist schon früher erwähnt worden. Wirklich zweifelhafte Fälle dieser Art sind ebenfalls sehr selten. Der Name Pseudotabes hysterica ist ganz thöricht. Auch die Bezeichnung Pseudotabes syphilitica ist zu verwerfen, denn in den Fällen, in denen man sie angewandt hat, hat es sich nicht um ein neues Krankheitbild gehandelt, sondern um

Tabes mit Meningitis syphilitica, also um eine Complication, bei der Analysis, nicht Synthesis angebracht ist.

Gelegentlich kann die diphtherische Lähmung an Tabes erinnern, besonders dann, wenn ausnahmeweise Erwachsene befallen werden und das Vorausgehen der Diphtherie nicht bekannt wird. Es kann z. B. Jemand Schwäche der Beine mit Parästhesieen und Verlust des Kniephänomens zeigen, oder bei den schweren Formen können ausserdem Augenmuskellähmungen, Anästhesie, Ataxie vorhanden sein. Jedoch fehlen die reflectorische Pupillenstarre, die charakteristischen tabischen Schmerzen, die Blasenstörung, meist ist Gaumenlähmung vorausgegangen und schiesslich klärt der Verlauf die Sache auf. Ueberall da, wo die Diagnose fraglich ist, muss man sich fragen, ist der Patient tabesfähig? Bei Kindern, sehr jungen und sehr alten Leuten ist Tabes zwar möglich, aber doch äusserst selten und daher von vornherein unwahrscheinlich. Bei Weibern ist sie unwahrscheinlicher als bei Männern. Umstände, die gegen frühere Syphilis sprechen, z. B. Jungfrauschaft, sprechen auch gegen Tabes. Dagegen muss bei Männern im mittleren Lebensalter, besonders bei solchen, bei denen nach Stand und Lebensweise Verdacht auf frühere Ausschweifungen besteht, von vornherein an Tabes denken. Solche soll man, auch wenn anderweite Krankheiten bestehen, auf Tabes untersuchen und umgekehrt soll man auch bei Tabes die Untersuchung des Herzens, des Harns u. s. w. nie unterlassen, da oft genug Atheromatose, Herzfehler, Schrumpfnieren, Diabetes neben der Tabes vorkommen.

Ueber die Prognosis der Tabes.

Dass die Tabes nicht heilbar ist, wissen wir zur Genüge, dass ihr Verlauf sehr verschieden ist und verschieden lange dauert, ebenfalls. Die Frage nach der Prognose würde so zu fassen sein: Können wir in einem gegebenen Falle voraussagen, welchen Verlauf die Krankheit nehmen wird? Leider können wir das in der Regel nicht, indessen ergeben sich doch manche Hinweise. Im Allgemeinen ist eine Tabes um so gutartiger, je langsamer sie beginnt. Haben schon jahrelang mässige Schmerzen mit geringer Blasenstörung bestanden, so liegt eine gewisse Wahrscheinlichkeit vor, dass die Tabes auch weiterhin gutartig bleiben werde. Umgekehrt ist eine mehr oder weniger stürmische Entwickelung von übeler Vorbedeutung. Besonders früh eintretende und rasch zunehmende Ataxie ist recht ungünstig. Eine böse Form ist die Tabes dolorosa, bei der starke und oft wiederkehrende Schmerzen nicht nur den Kranken zur Verzweiflung bringen, sondern auch ihn körperlich herunterbringen und ihn widerstandsunfähig machen. Eine Nebenform, und zwar eine der ärgsten, ist die mit häufigen Magenkrisen: hier schädigen Schmerz und Hunger zugleich den Kranken; man muss ihn in den Zwischenzeiten möglichst gut füttern, damit er nicht aufgerieben werde. Leider ist es nicht selten, dass da, wo einmal Magenkrisen bestehen, auch anderweite Krisen, besonders Kehlkopfkrisen, sich einstellen und die Prognose weiter trüben. Auch andere Symptome sind von vornherein von schlechter Vorbedeutung. So besonders die Erkrankung des Knochensystems. Abgesehen davon, dass ein Knochenbruch oder eine Arthropathie an und für sich ein grosser Schade ist und durch die Hemmung dem Kranken vielen Nachtheil bringen kann, häufen sich diese Zufälle oft an, weil eben die Schädigung der Knochen eine mehr oder weniger allgemeine ist. Vielleicht hängt manches von der Beschaffenheit und der Lebensweise des erkrankten Individuum ab. Wenigstens scheinen die schlimmen Zufälle bei Armen häufiger zu sein, als bei solchen, die gut genährt sind und sich schonen können. Von schlechter Vorbedeutung ist begreiflicherweise auch eine starke Störung der Blase. Früher oder später, sei es mit, sei es ohne Beihilfe des Katheters kommt es zu einer Infection der Blase und die Gefahr einer Pyelitis tritt dazu. Nicht wenige Tabes-Kranke erliegen der Pyelonephritis.

Ein Zeichen, das an sich zu den schlimmsten gehört, im Allgemeinen aber einen gutartigen Verlauf verspricht, ist die früh eintretende Opticus-Atrophie. Merkwürdigerweise werden die blinden Tabes-Kranken in der Regel sehr spät oder gar nicht ataktisch und leiden auch sonst verhältnissmässig wenig. Wie man sich diesen Zusammenhang vorzustellen habe, das weiss man nicht, aber an der Thatsache ist nicht zu zweifeln. Tritt die Sehnerven-Atrophie spät ein, wenn schon Ataxie besteht, dann ist von ihrem scheinbar hemmenden Einflusse gewöhnlich nichts zu spüren.

Das Zusammenvorkommen von Magen- und Kehlkopfkrisen wurde schon erwähnt. Ebenso combiniren sich zuweilen die Erkrankungen der Hirnnerven. Zur Ophthalmoplegie kann Trigeminus-Läsion, seien es nur Sehmerzen oder Sehmerzen und Anästhesie, oder diese und Zahnausfall, hinzutreten. Ferner Facialis-, oder Acusticus-Läsion.

Selbstverständlich sind alle paralytischen Symptome von übler Vorbedeutung: apoplectiforme oder epileptiforme Anfälle, Sprachstörungen, seelische Störungen. Bekanntlich kann die progressive Paralyse auch spät zur Tabes hinzutreten. Oft aber schickt sie schon früh ihre Vorläufer voraus, etwa rasch vorübergehende Anfälle von Aphasie, ein Zittern der Gesichtsmuskeln, Anfälle von Augen-Migräne u. A. Auf diese Dinge muss man sorgfältig achten, denn sie bedeuten viel. Nicht nur pflegt die Paralyse verhältnissmässig rasch zu tödten, sondern es macht auch schon eine milde Form der Paralyse den Kranken gewöhnlich erwerbsunfähig, während er bei blosser Tabes in vielen Berufsarten ungestört arbeiten kann.

Viel hängt begreiflicherweise auch von Complicationen ab. Die meisten Tabes-Kranken sterben wahrscheinlich nicht durch die Tabes, sondern an anderweiten Krankheiten: an Schrumpfniere, an Apoplexie durch Atherom der Gehirngefässe, an Klappenfehlern oder blosser Myocardium-Degeneration u. s. w.

Mit dem Fortschreiten der Krankheit wird die Prognose leichter. Während im Anfange allerhand möglich ist, pflegt nach einigen Jahren die Krankheit ihren Charakter wenigstens insoweit offenbart zu haben, dass man sie als gutartig oder bösartig bezeichnen kann. Ueberraschungen sind zwar auch weiterhin noch möglich, indessen die Regel ist doch, dass eine gutartige Form auch gutartig bleibt. Die prognostische Bedeutung der einzelnen Symptome ergiebt sich aus dem hier und in der Symptomatologie Gesagten.

Auf jeden Fall thut der Arzt gut, sich jederzeit nicht allzu pessimistisch auszusprechen. Der Kranke hat ein Recht auf Trost, der Arzt aber darf darauf hinweisen, dass Besserungen und Stillstände möglich sind, und er muss bedenken, dass diese gelegentlich auch da vorkommen, wo die Aussichten schon recht trübe zu sein scheinen.

Ueber die Behandlung der Tabes.

Die Geschichte der Behandlung der Tabes ist schmerzlich und rührend. Sie zeigt uns einerseits, wie schwach die menschliche Urtheilskraft ist, andererseits, welche Fülle von Glaubenskraft der Mensch besitzt. Immer auf's neue werden neue Methoden der Behandlung ersonnen, alle helfen, solange sie neu sind, und alle verlieren mit der Zeit ihre Kraft, werden dann stille bei Seite geschoben. Immerhin ist es nicht zu leugnen, dass alle Methoden ihre wirklichen Erfolge aufzuweisen haben. Natürlich sind die meisten Heilwirkungen, soweit sie überhaupt gewissenhaft berichtet sind, in Wirklichkeit Besserungen, die der natürliche Verlauf mit sich bringt, d. h. es fallen die besseren Zeiten, die bei den meisten Tabes-Kranken auch ohne Behandlung beobachtet werden, zufällig mit irgend einer Kur zusammen. Jedoch werden bei allen Methoden auch Fälle mitgetheilt, wo es schwer ist, an einen Zufall zu glauben, Fälle, in denen nach langer unveränderter Krankheit unmittelbar nach der neuen Behandlung eine deutliche Besserung beginnt. Da derartige Heilwirkungen mit allen Methoden erzielt werden, mit unvernünftigen ebenso wie mit vernünftigen, so bleibt nur die eine Erklärung übrig, dass hier wie anderwärts nicht das Mittel bessert, sondern der Glaube des Kranken an das Mittel. In der That ist die Tabes ein glänzendes Beispiel davon, dass auch Störungen, die scheinbar von organischen Läsionen abhängen, durch den Glauben beeinflusst werden können. Richtiger muss man sagen, die Erfahrungen bei der Tabes zeigen, dass auch da, wo organische Läsionen bestehen, ein beträchtlicher Theil der Störungen der Function seelischer Natur ist. Denn niemand kann verständigerweise annehmen, dass durch den Glauben degenerirte Nervenfasern regenerirt werden. Werden durch ihn Störungen beseitigt, so müssen eben diese Störungen nicht direct von der Degeneration abhängen, sondern ein Nebenwerk sein, dass der Kranke sich selbst suggerirt hat, das Angst, Furcht, Hoffnungslosigkeit hinzugefügt haben.

Ein Fortschritt zeigt sich im Laufe der Zeit insofern, als allmählich die Ueberzeugung sich Bahn bricht, dass die Tabes unheilbar ist. Man kann sagen, dass heutzutage alle sachverständigen Aerzte darin übereinstimmen, dass es keine Heilung der Tabes giebt, dass alle Berichte von Heilung auf Täuschung beruhen. Früher kam es alle Tage vor, dass die Literatur zuversichtliche Berichte von geheilten Tabes-Kranken enthielt. Der eine hatte die Tabes durch Galvanisiren geheilt, der andere durch Faradisiren, der eine durch Baden in dieser Quelle, der andere durch Baden in jener Quelle, der eine durch Quecksilber, der andere durch Jod, der eine durch Silber, der andere durch Mutterkorn, der eine durch Nervendehnung, der andere durch Homöopathie u. s. f. Solche dreiste Behauptungen kommen zwar jetzt auch noch vor, indessen sie finden bei den Sachverständigen keinen Glauben mehr. Die heutigen Therapeuten, wenn sie auch sehr zuversichtlich sind, begnügen sich in der Regel damit, von Besserung zu reden und sind schon mit einer vorübergehenden Besserung zufrieden.

Ich will nicht behaupten, dass alle Mittel gar keinen physikalischen Einfluss auf die Tabes haben. Das kann man nicht beweisen, es ist ja möglich, dass manche der im Gebrauche befindlichen Mittel und Methoden eine günstige Wirkung auf die kranken Theile ausüben, sodass diese sich länger gegen die zerstörenden Einflüsse halten, oder dass manche Mittel die noch ungeschädigten Fasern und Zellen kräftigen, sodass der Ausfall durch die kranken Theile weniger bemerkbar wird. Aber man muss solchen Vermuthungen gegenüber sehr skeptisch sein. Denn davon, dass ein Mittel, das einmal geholfen zu haben scheint, nun auch in den folgenden Fällen helfen sollte, was man doch erwarten müsste, davon ist gar keine Rede. Vielmehr sind die Erfolge gar nicht vorauszusehen, von 2 anscheinend gleichen Fällen scheint in dem einen die Heilwirkung unverkennbar zu sein, während in dem anderen keine Spur von Besserung erzielt wird. Ferner verhalten sich die einzelnen Symptome ganz verschieden; je objectiver ein Symptom ist, um so weniger scheint es der Therapie zugänglich zu sein. Nur an einer Stelle kann man die Degeneration sehen, am Sehnerven: hier aber reden höchstens die ganz Enthusiastischen von der Heilwirkung irgend eines Mittels, alle Anderen sind überzeugt, dass jede Therapie erfolglos ist. Die reflectorische Pupillenstarre bleibt stets unverändert. Andere Symptome dagegen, wie die Anästhesie und besonders die Ataxie wechseln an Stärke nicht nur im natürlichen Verlaufe der Krankheit, sondern auch während der

Therapie. Am leichtesten ist die Ataxie zu beeinflussen und das ist begreiflich, denn sie ist nur die Reaction auf die Anästhesie der Gelenke und der tiefen Theile überhaupt. Diese Reaction ist verschieden je nach dem Individuum und nach dem wechselnden Zustande des Individuum. Man kann sie, wie wir später sehen werden, durch eine Art von Erziehung verändern, ein Beweis dafür, dass ihr Grad ebenso wohl von der Beschaffenheit der nicht erkrankten Grosshirnrinde, als von der des kranken Rückenmarks abhängt.

Nach alledem halte ich es für wahrscheinlich, dass wir auf keine Weise den tabischen Process selbst beeinflussen können. Wir können unter Umständen auf den Tabeskranken günstig einwirken, aber das geschieht theils dadurch, dass das Gesunde an ihm gekräftigt wird, theils dadurch, dass sein Glaube ihm hilft: Gegen die Tabes selbst sind wir machtlos. Das ist kein Wortstreit, sondern eine wichtige Erkenntniss. Erstens ist des Arztes unwürdig, im blinden Glauben an seine Therapie vorwärts zu tappen wie die urtheilslose Menge; er soll da, wo es sich um Suggestion handelt, bewusst vorgehen mit dem schmerzlichen, aber befreienden Wissen von der Schwäche seiner Kunst. Er wird dann nicht mit thörichtem Enthusiasmus nach jedem neuen Mittel greifen, um es so rasch zu verlassen, wie er sich dafür begeistert hatte. Er wird vor allen Dingen den Kranken schonen, weil er weiss, worauf es ankommt. Bei einer so langwierigen Krankheit wie die Tabes darf der Arzt den Kranken nicht im Stiche lassen, er muss ihn unter allen Umständen behandeln und muss verschiedene Mittel und Methoden in Anwendung bringen, um des Trostes willen. Aber er wird, wenn er skeptisch ist, sich auf das Nothwendige beschränken, sich von Vielgeschäftigkeit fern halten und (nicht zum letzten) er wird als ehrlicher Mann den Beutel des Kranken schonen, wenn dieser kein reicher Mann ist. Wieviele Kranke setzen ihre Ersparnisse bei nutzlosen theuren Kuren zu!

Nach diesen allgemeinen Bemerkungen will ich die jetzt im Gebrauche befindlichen Arten der Tabes-Behandlung besprechen, die schon historisch gewordenen aber der Vergangenheit überlassen.

Giebt es eine Prophylaxis der Tabes? Da die Tabes Metasyphilis ist, heisst die Syphilis verhüten die Tabes verhüten. Hier ist den Aerzten eine wichtige Aufgabe gestellt, der sie bisher nur ungenügend entsprochen haben. Die Aerzte müssen den Leuten sagen, dass die Syphilis eine furchtbar ernste Sache ist, dass jede Ansteckung das ganze Leben zerstören kann, dass es nur Ein Mittel giebt, sich vor der Syphilis zu hüten, nämlich das Vermeiden jedes unreinen Geschlechtsverkehres. Es ist ein Verbrechen, leichtfertig von der Syphilis zu reden, von „Kinderkrankheiten" zu sprechen, Patienten zum Verkehre mit käuflichen Weibern zu rathen. Auch die Ueberwachung der Prostitution, die sorgfältige Behandlung aller Syphilitischen, die strenge Bestrafung derer, die leichtfertig oder gar wissentlich die Seuche fortpflanzen, sind wichtige Dinge, aber viel ist damit nicht zu erreichen.

Viele glauben, dass man durch energische und lang dauernde Behandlung der Syphilis den Eintritt der Tabes verhüten könne. Das ist eine unerwiesene und nicht gerade wahrscheinliche Annahme. Ob durch eine solche Behandlung tertiäre Erscheinungen vermieden werden können, wie es manche Syphilidologen behaupten, das kann dahingestellt werden. Die Tabes ist eben keine tertiäre Erscheinung, und es ist geradezu charakteristisch, dass die Tabes am häufigsten auf Syphilis ohne tertiäre Erscheinungen folgt. A. Fournier besonders hat gesagt, dass je besser die Syphilis behandelt werde, um so weniger die Tabes zu fürchten sei. Aber Fournier selbst giebt zu, dass auch nach einer in seinem Sinne vorzüglichen Syphilisbehandlung Tabes eintreten kann; er hat selbst solche Fälle erlebt. Er stützt sich bei seiner Beweisführung darauf, dass in den meisten Tabes-Fällen eine ungenügende Syphilisbehandlung vorausgegangen ist, und giebt folgende Statistik. Unter 321 Tabes-Kranken waren:

24, deren Syphilis gar nicht behandelt worden war,
70, die eine kurze ungenügende Behandlung durchgemacht hatten,
108, die eine 3—6 monatige Hg-Behandlung erlitten hatten,
74, die ½ bis 1 Jahr behandelt worden waren,
32, die 1—2 Jahre lang „   „   „
13, die 2—4   „   „   „   „   „

Es liegt auf der Hand, dass eine solche Statistik nichts beweisen kann. Wenn man 321 Leute, die durchschnittlich eine milde Syphilis durchgemacht haben und nicht tabisch geworden sind, ausfragt, so wird man wahrscheinlich ganz ähnliche Zahlen erhalten. Offenbar sind überhaupt die meisten Fälle von Syphilis gutartig und die meisten Syphilitischen werden in Fournier's Sinne ungenügend behandelt. Wenn diese ungenügende Behandlung Schuld an der Tabes wäre, so müsste diese noch viel, viel häufiger sein, als sie es wirklich ist.

Wenn nun auch der Erfolg der Hg-Behandlung recht zweifelhaft ist, so wird es sich doch empfehlen, sie gewissenhaft durchzuführen und jede Erscheinung der Syphilis energisch und ausdauernd zu bekämpfen. Ob es sich freilich rechtfertigen lässt, auch da, wo keine Zeichen von Syphilis nachweisbar sind, 4—6 Jahre lang Hg-Kuren zu verordnen, das mag die Zukunft lehren. Eine gegen die Hilfsursachen der Tabes gerichtete Prophylaxis kann in der Hauptsache nur in den Regeln der für Alle geltenden Gesundheitslehre bestehen. Man kann vermuthen, dass Einer trotz der Syphilis um so eher der Tabes entgehen werde, je gesünder er sonst ist und je mehr er die Schädlichkeiten vermeidet, die überhaupt der Gesundheit nachtheilig sind. Wenn es auch recht zweifelhaft ist, ob Gemüthsbewegungen, geistige und körperliche Anstrengung, Trunk und geschlechtliche Ueberreizung die noch nicht vorhandene Tabes hervorrufen helfen, so mag doch Jeder, der syphilitisch ist, noch mehr als ein Anderer vor diesen Dingen gewarnt werden. Eine besondere Stelle nimmt vielleicht die Erkältung ein. Sie kehrt so häufig in den Anamnesen wieder, die ersten Schmerzen sind so oft nach wiederholten Erkältungen oder nach einer einmaligen, aber besonders ausgiebigen Erkältung aufgetreten, dass es wohl gerechtfertigt ist, die Tabes-Candidaten besonders vor Erkältungen zu warnen. —

Da die Syphilis Ursache der Tabes ist, scheint die Indicatio causalis die antisyphilitische Behandlung zu sein. Thatsächlich hat man diese angewendet, sobald jener Zusammenhang als wahrscheinlich erschien. Das Interesse an der Tabes-Syphilisfrage beruhte bei den Meisten wohl auf der Hoffnung, nunmehr der Tabes durch Hg und Jod beikommen zu können. Von vornherein musste man sich sagen, dass es sich hier einfach um eine Sache der Erfahrung handelt. Theoretisch lässt sich die Frage nicht entscheiden. Die pathologische Anatomie zeigt zwar, dass die anatomischen Veränderungen bei der Tabes ganz andere sind als bei der tertiären Syphilis. Aber von vornherein wäre es doch möglich, dass Jod und Quecksilber auch bei dem einfachen Nervenfaserschwunde heilkräftig seien. Freilich wissen wir, dass die zu Grunde gegangenen intraspinalen Nerventheile nicht regenerirt werden. Eine Heilung der Tabes durch Hg und Jod musste daher dem der pathologischen Anatomie Kundigen als ausgeschlossen erscheinen. Aber es wäre doch sehr wohl denkbar, dass die antisyphilitische Behandlung den tabischen Process zum Stillestehen brächte und dass die Regeneration der erkrankten peripherischen Theile bewirkte. Bedenklich müsste freilich die Erwägung machen, dass bei den der Tabes ähnlichen metasyphilitischen Erkrankungen, die als Sclerose der Leber, der Nieren und anderer Drüsen auftreten, Hg und Jod ganz erfolglos sind. Die Entscheidung konnte nur der Versuch bringen. Die Erfahrung hat gelehrt, dass es nicht möglich ist, die Tabes durch antisyphilitische Behandlung zu coupiren. Die grosse Mehrzahl der Autoren ist darüber einig und auch die, die die antisyphilitische Behandlung bei Tabes rühmen, wagen weder Heilung noch Stillestehen der Tabes zu versprechen, sondern sie behaupten nur, hie und da „Besserung" erreicht zu haben. Im Anfange freilich tauchten hie und da Berichte auf, die von gänzlicher Heilung eines Tabes-Kranken erzählten, aber bei welcher neuen Behandlung hätten nicht Enthusiasten das Gleiche behauptet? Die kritisch denkenden Autoren haben dagegen stets mit Einstimmigkeit dergleichen Behauptungen abgelehnt und haben theils die gänzliche Nutzlosigkeit der antisyphilitischen Behandlung zugegeben, theils anerkannt, dass ihre Erfolge nicht entfernt ihrer Erwartung entsprechen. Am meisten positiv hat sich Erb ausgesprochen, aber auch er sagt, „dass unsere bisherigen Erfahrungen über den Nutzen der antiluetischen Therapie bei der Tabes keineswegs glänzende und jedenfalls nicht sehr befriedigende" sind. Erb hat durch Dinkler eine grosse Reihe von Krankengeschichten veröffentlichen lassen, die den Nutzen von Hg und Jod darthun sollen. Aus dieser Zusammenstellung soll hervorgehen, dass in $^{6}/_{7}$ der Fälle eine mehr oder weniger deutliche und weitgehende Besserung des Leidens eingetreten sei. Geht man aber im Einzelnen die Beobachtungen Dinkler's durch, so sieht man, dass die Erfolge ganz denen gleichen, die bei jeder Behandlung erreicht werden. Man findet ganz ähnliche Geschichten in der elektrotherapeutischen Literatur in Menge, von den Berichten über Suspension und Nervendehnung ganz zu schweigen. Bis jetzt ist nie und nirgends erwiesen worden, dass durch die antisyphilitische Behandlung die Weiterentwickelung der Tabes verhindert werden könne. Ob durch sie vorübergehende Besserung erreicht werden kann, das ist kaum zu beweisen und ebensowenig kann man die Behauptung widerlegen. Auf jeden Fall halte ich es für höchstwahrscheinlich, dass die antisyphilitische Behandlung nicht mehr leistet als die bisher gebräuchlichen anderweiten Methoden, wie denn auch bei diesen Beweis und Gegenbeweis auf schwachen Füssen stehen. In meiner eigenen Erfahrung habe ich nie einen Erfolg nach der Schmierkur eintreten sehen und sehr viele Aerzte haben dasselbe erlebt. Die Möglichkeit eines Nutzens jedoch kann ich nicht abstreiten und soviel scheint mir durch die bisherigen Erfahrungen Erb's und Anderer dargethan zu sein, dass eine verständige antisyphilitische Behandlung bei

Tabes nichts schadet. Mehrfach ist behauptet worden, dass während einer Schmierkur die Opticus-Atrophie rasch fortgeschritten sei. Man sieht aber das Gleiche auch ohne Hg. Die Vermuthung, die Tabes möchte erst durch Hg hervorgerufen werden, ist so thöricht, dass man sie gar nicht zu erörtern braucht.

Also die Schmierkur schadet nicht, und es ist zweifelhaft, ob sie etwas nützt. Bei diesem Stande der Dinge ist zu fragen, wann soll man einen Tabes-Kranken schmieren lassen. Erb sagt: „bei Tabischen, die früher syphilitisch gewesen sind, ist die Vornahme einer antisyphilitischen Therapie indicirt." Ich möchte den Satz dahin abändern: „bei allen Tabes-Kranken ist sie gestattet." Wenn man die Meinung anerkennt, die ich vertrete, dass die Tabes jederzeit Metasyphilis ist, giebt es keine Tabischen, die nicht syphilitisch gewesen sind. Erb's Ausnahmefälle fallen also weg. Vielmehr dürfte bei denen, die scheinbar nicht syphilitisch gewesen sind, die Schmierkur viel eher indicirt sein als bei den Anderen. Die, die ihre Syphilis ableugnen und die zum grossen Theile wohl thatsächlich nichts von ihr wissen, gehören ganz sicher zu denen, deren Syphilis ungenügend behandelt worden ist. Man könnte also gerade hier das Versäumte nachholen wollen. Ueberhaupt scheint mir am ehesten da die Schmierkur als Versuch berechtigt zu sein, wo sie noch nicht angewandt worden ist, oder doch nur vor langer Zeit angewandt worden ist. Auch werden in diesen Fällen am ehesten neben der Tabes noch tertiäre Reste vorhanden sein. Dass da, wo tertiäre Erscheinungen sich nachweisen lassen, eine Schmierkur indicirt ist, das versteht von selbst, aber diese Fälle sind selten genug. Schliesslich wird jeder Arzt seinem eigenen Ermessen folgen müssen. Die Verpflichtung, dem Patienten unter allen Umständen zur Schmierkur zu rathen, kann ich nicht anerkennen.

Will man die antisyphilitische Behandlung anwenden, so ist sicher die Schmierkur am meisten zu empfehlen, man lässt etwa 3—4 g der grauen Salbe täglich einreiben, lässt am 7. Tage baden und wiederholt den Cyclus 4—5 mal. Dabei ist natürlich sorgfältige Mundpflege nöthig. Vor den Einspritzungen schwerlöslicher Hg-Verbindungen ist ernstlich zu warnen. Es ist üblich, der Hg-Kur eine Jodkaliumkur folgen zu lassen und man kann dagegen nichts einwenden. Auf jeden Fall ist es rathsam, nach 6—8 Wochen die Kur zu unterbrechen und auch dann, wenn ein günstiger Erfolg erreicht zu sein scheinen sollte, erst nach einer mehrmonatigen Pause eine 2. Kur folgen zu lassen.

Erb räth, die Pause mit „einem allgemein tonisirenden Verfahren (Gebirgsluft, leichte Wasserkur, besonders Verabreichung von Halbbädern von 24—18° R., innerlicher Darreichung von tonisirenden Pillen ..., elektrischer Behandlung, eventuell auch einer Badekur in Nauheim oder Rehme)" ausfüllen zu lassen. Er hält das für nothwendig und meint, man werde meist erst nach Beendigung der Hg-Kur durch diese Nachkuren die günstige Wirkung ganz hervortreten sehen. Die Hg-Kur nämlich solle eigentlich nur den Boden bereiten für die bessere und sicherere Wirkung der übrigen Heilmittel. Das scheint mir eine etwas willkürliche Construction zu sein und ich gestehe offen, dass mein Glaube nicht stark genug ist, um die fehlende Einsicht in den Zusammenhang der Dinge zu ersetzen. Auch stehe ich der Empfehlung Erb's, die Schmierkur mit einer Badekur in Aachen oder in Nauheim u. s. w., oder mit der elektrischen Behandlung u. A., zu verbinden, zweifelnd gegenüber, denn, da nach Erb's Ansicht alle diese verschiedenen Kuren erfolgreich sein können, so wüsste man, wenn es dem Kranken wirklich besser ginge, ja gar nicht, was eigentlich geholfen hätte. Bedenklich stimmt auch endlich die dringende Mahnung Erb's, der Kranke müsse während der Schmierkur seine Berufsthätigkeit unterbrechen. Denn da die Schmierkur bei den Leiden, bei denen sie zweifellos hilft (wie bei Gummigeschwülsten), auch im Berufe hilft, andererseits die Ruhe den Tabes-Kranken oft auch ohne Schmierkur vorzüglich bekommt, so möchte wohl manchmal der der Schmierkur zugeschriebene Nutzen der Ruhe zu verdanken sein.

Wenn wir nun die lange Reihe der weiteren „Heilmittel" bei Tabes betrachten, so können wir den Anfang mit den ausser Hg und Jod in Betracht kommenden Medicamenten machen. Viel Gutes ist von ihnen nicht zu sagen.

Seit Wunderlich ist, warum weiss ich nicht, das salpetersaure Silber als Tabes-Heilmittel im Gebrauche. Die Fälle, in denen das Silber Heilung bewirkt haben soll, sind schon recht alt und gering an Zahl. Aus historischen Gründen habe auch ich sehr oft das Silber verordnet, doch habe ich nie die Meinung gewinnen können, es habe irgend eine Heilwirkung. Indessen es schadet auch nichts, wenn man der Argyrosis aus dem Wege geht, und unmöglich ist es schliesslich doch nicht, dass es etwas nützt. Da man nun ein Heilmittel, das man ohne Schaden ein paar Monate lang geben kann und das doch etwas Besonderes ist, bei der Tabes nicht gut entbehren kann, so kommt man immer wieder auf das Silbersalz zurück. Man giebt es in Pillen (Rp. Arg. nitr. 1, 0 g,

Argillac albae qu. s. ut fiant pilulae No. 100 D. S. 3 mal täglich 1 Pille zu nehmen) und lässt etwa 200 Pillen verbrauchen. Mehr zu geben ist bedenklich, weil bei manchen Menschen es relativ früh zur Argyrosis kommt und diese entschieden ein Kunstfehler ist. Nach einer Pause von mehreren Monaten aber kann man die Silber-Kur wiederholen.

Ueber die übrigen Tabes-Medicamente habe ich keine Erfahrung. Man hat besonders Secale cornutum und Arsenik empfohlen. Es ist bekannt, dass es bei der Vergiftung mit Mutterkorn zu einer unheilbaren Nervenkrankheit kommen kann, bei der ein Theil der Hinterstrangfasern zu Grunde geht. Man hat nun gemeint, wenn das Mutterkorn die Hinterstränge zu Grunde richten kann, so kann es sie auch heilen, ein Gedanke, der mir mehr als geistreich, denn als vertrauenswerth erscheint. Neuerdings sind übrigens die Lobredner des Mutterkorns recht schweigsam geworden und man muss sagen, dass dieses Gift, das man auf Grund von Speculationen bei vielen Nervenkrankheiten empfohlen hat, bei keiner etwas genützt hat. Die Arsenik-Behandlung scheint in England gebräuchlich zu sein. Schaden wird sie wohl nicht.

Das Strychnin ist ähnlich wie das Secale cornutum ein Laboratorium-Mittel. Erb hat es neuerdings wieder als Tabes-Mittel gerühmt, aber er setzt vorsichtig hinzu, es habe vielleicht nur allgemein tonisirende Wirkungen als Stomachicum und Nervinum.

Dass man die „Tonica" überhaupt bei Tabes giebt, das ist sicher nicht zu tadeln. Sie sind eben harmlose Suggestiv-Mittel. Wollte man aber von ihnen eine Einwirkung auf die Tabes erwarten, so gehörte doch ein starker Glaube dazu.

Ein widerliches Capitel ist die moderne Schwindel-Behandlung durch Organsäfte. Glücklicherweise schämt man sich jetzt fast überall, wo man es gewagt hat, die Tabes mit Hodensaft, mit Hammelhirn u. s. w. zu behandeln.

Von jeher haben die Heilbäder bei der Behandlung der Tabes eine grosse Rolle gespielt. Früher wandte man hauptsächlich die indifferenten Thermen an, neuerdings treffen sich die meisten deutschen Tabes-Kranken, die es bezahlen können, in Nauheim oder in Rehme-Oeynhausen, die französischen in Lamalou. Eins scheint die Erfahrung zu lehren, dass heisse Bäder den Tabes-Kranken nachtheilig sind, dass daher die Quellen, deren Temperatur hoch ist, ihnen nicht zu empfehlen sind. Offenbar ist es aber nur die Temperatur, die zu scheuen ist, denn wenn die Wässer von Teplitz, Gastein u. s. w. gehörig etwa auf 27° R abgekühlt werden, so schaden sie den Tabes-Kranken nichts. Thatsächlich werden denn auch viele Bäder ausser den oben genannten Hauptbädern von Tabes-Kranken mit scheinbar gutem Erfolge besucht: Schwefelbäder wie Aachen, Wildbäder wie Pfäfers-Ragaz, Wildbad i. W., Soolbäder, Stahlbäder u. s. w. Natürlich ist es sehr schwer, über die Wirkung der Bäder etwas zu sagen, wenn man sich nicht in pseudowissenschaftlichen Phrasen über reflectorische Beeinflussung der Haut, über Veränderungen der Circulation u. s. w. ergehen will. Die Bade-Kuren sind eben ein alter Brauch, an dessen Stelle wir vor der Hand nichts Besseres zu setzen wissen. Es ist ebenso wie bei den Silberpillen: Man sagt sich, ob es etwas nützt, das wissen wir nicht, aber bei vorsichtiger Benutzung schadet es nichts und da man überhaupt etwas thun muss — eh bien. Irgend einen deutlichen Heilerfolg habe ich bisher nach irgend einer Badekur nicht gesehen. Manchmal haben die Leute etwas weniger Schmerzen hinterher, manchmal nimmt die Ataxie etwas ab, kurz es ist dasselbe wie bei allen Kuren. Dass natürlich unter Umständen der Aufenthalt im Badeorte anregend und erfrischend auf die Tabes-Kranken wirkt, dass die Bäder dem Menschen im Ganzen wohlthun können, das wird Jeder zugeben. Jedes Heilbad ist ein starkes Suggestiv-Mittel. Die Leute sehen das Wasser aus dem Schoosse der Erde dringen, sie überzeugen sich, je nachdem durch das Gesicht oder Geschmack und Geruch davon, dass es kein gewöhnliches Wasser ist, von altersher pilgern die Heilbedürftigen zur Quelle, es hat sich eine mächtige Tradition gebildet, mit eigenem Auge sieht man, wie die Kranken aus aller Herren Ländern zusammenströmen, einer erzählt dem andern von den wunderbaren Heilerfolgen, die er oder sein Onkel erlebt hat, ernste würdige Badeärzte bekräftigen es und erörtern die Bedeutung der Quelle wissenschaftlich, der Staat selbst giebt seinen Segen und die ganze Bevölkerung des Badeortes schwört auf den Werth des Wassers, von dem sie leben. Wenn viele Kranke gleicher Art an einem Orte sich ansammeln, so lernen die Aerzte ihre Bedürfnisse genau kennen und es geschieht alles, was ihnen gut zu thun scheint. So sind auch in Rehme und in Nauheim, wo während der Saison Hunderte von Tabes-Kranken anzutreffen sind, die Aerzte mit der Zeit Spezialisten geworden, die Kranken finden gute Wege, genügende Ruhepunkte, Fahrstühle u. s. w. Viele Tabes-Kranke kehren jährlich an diese Orte zurück; sie kommen im Ganzen ebenso wieder, wie sie hingegangen sind, aber sie haben doch etwas für sich gethan. Somit will ich nichts gegen den Gebrauch der Heilbäder sagen, vielmehr schicke ich selbst Kranke hin, weil es üblich ist, weil es den Kranken nichts schadet und immerhin möglicherweise nutzt. Aber man kann auch hier des Guten zu viel thun. Manchem Patienten schaden die weite Reise und die mit ihr verknüpften Anstrengungen und Unbequemlichkeiten mehr als der problematische Erfolg der Kur werth ist. Nicht wenige geben ihr mühsam erspartes Geld, für das sie ihrer Gesundheit zuhause reelle Vortheile kaufen könnten, hin, weil man ihnen vorredet, sie müssten unter allen Umständen ein Bad besuchen.

Eine beachtenswerthe Concurrenz machen den Bädern die Wasserheilanstalten. Auch wenn man an den Hokuspokus, der als wissenschaftliche Hydrotherapie bezeichnet wird, nicht glaubt, kann man den Nutzen der empirisch bewährten Methoden der Wasserbehandlung anerkennen. Freilich als Tabes-Behandlung ist die Hydrotherapie so wenig werth wie die anderen Methoden, aber als Behandlung der Tabes-Kranken hat sie doch mehr Bedeutung als vieles andere. Diese Kranken sind recht oft stubensiech, sie sind äusserst empfindlich gegen Erkältungen. Für sie sind eine kräftige Anregung der Hauternährung und der Blutgefässe und eine verständige Abhärtung von grossem Werthe. Freilich kann man das, was zu erreichen ist, auch zu Hause durch kühle Abreibungen, Halbbäder, Uebergiessungen u. s. w. erreichen, aber die Anstalt bietet zugleich die Vortheile einer Sommerfrische und die einer ärztlich geleiteten Heilstätte. Zu beachten ist nur in der Anstalt wie zu Hause, dass alle sehr starken Reize für die Tabes-Kranken nicht passen, dass daher nicht nur hohe, sondern auch niedrige Temperaturen, kräftige Duschen, Uebergiessungen und Aehnliches zu vermeiden sind. Natürlich ist auch zwischen tabeskrank und tabeskrank ein Unterschied; was dem einen bekommt, ist für den anderen schon zu viel, da doch unter den Tabes-Kranken je nach der ursprünglichen Constitution und je nach der Entwickelung der Krankheit sich Kräftige und Schwache, Schwer- und Leicht-Erregbare finden. Gerade bei der Wasserbehandlung heisst es, verständig individualisiren.

Für die relativ „starken" Tabes-Kranken passen auch kurze Seebäder ganz wohl. Den meisten aber ist nur der Aufenthalt an der See, ohne Bäder zu empfehlen.

Die Elektrotherapie bei Tabes ist meiner Ueberzeugung nach reine Suggestiontherapie. Dass dieses „mächtige physikalische Heilmittel" auf den Tabes-Vorgang selbst einen Einfluss haben sollte, ist so schwer zu glauben, dass wirklich ein sacrificium intellectus nöthig wird. Während bei der Hydrotherapie und manchen anderen

Methoden doch wenigstens eine Kräftigung des Körpers im Ganzen erzielt werden kann, fällt bei der Elektrotherapie auch dieser Vortheil weg, da doch niemand annehmen wird, durch das Fliessen eines schwachen Stromes durch Haut, Muskeln und vielleicht auch ein paar Nervenfasern während einiger Minuten werde der Körper gekräftigt. Die Elektrotherapeuten reden sich darauf hinaus, dass nur eine kunstgerechte Elektrisirung helfen könne, und jeder hält seine Methode für die richtige. Ich habe mich lange genug mit der Elektrotherapie beschäftigt, um der Technik mächtig zu sein, ich habe bei den Tabes-Kranken die verschiedenen Methoden der Autoren angewandt, nie habe ich eine Wirkung gesehen, die nicht mit guten Gründen der Suggestion zugerechnet werden könnte. So wie mir ist es aber vielen Sachverständigen auch gegangen. Von Jahr zu Jahr erkennt man in weiteren Kreisen die psychische Natur der elektrotherapeutischen Heilerfolge und gerade bei der Tabes werden Viele, die noch nicht an der physikalischen Heilwirkung der Electricität überhaupt verzweifeln möchten, mir Recht geben. Ich will damit die elektrische Behandlung der Tabes nicht schlechtweg verurtheilen, denn man braucht Media der Suggestion und die Electricität ist wenigstens unschuldig, wenn sie nicht geradezu roh angewendet wird. Freilich habe ich auch grosse Narben auf dem Rücken Tabeskranker gesehen, die durch unverständiges Galvanisiren entstanden waren und die von Rechtswegen zu einer Anklage wegen Kunstfehlers hätten führen müssen. Auch kann eine lange elektrische Behandlung bei wenig bemittelten Tabes-Kranken zu Geldbeutel-Schwindsucht führen, die dem Arzte wenig Ehre macht.

Gewöhnlich wendet man bei Tabes folgende Arten der Elektrisirung an. Man setzt den einen Pol einer Batterie auf die Lendenwirbelsäule, den anderen auf den Nacken, bewegt langsam die eine Platte der anderen zu und hat dabei die etwas kindliche Vorstellung, das kranke Rückenmark „längs zu durchströmen". Andere setzen den einen Pol „auf den Halssympathicus", d. h. unter den Kieferwinkel, den anderen auf den Rücken, oder den einen Pol auf die Brust, während der andere den Rücken auf- und ab spazirt. Manche setzen die Anode auf die empfindlichen Stellen (bestimmte Wirbel), die Kathode irgend wohin und behandeln so „polar". Immer werden breite Platten als Elektroden benutzt, die Sitzung dauert einige Minuten, die Stromstärke beträgt etwa 4—6—8 M-A. Einzelne Autoren rathen dazu, auch die Glieder zu galvanisiren (Anode auf die Lendenwirbelsäule, Kathode auf die Nervenpunkte an den

Beinen, bez. Anode in den Nacken, Kathode an die Arme). Ich habe das auch gemacht und die Kranken waren gewöhnlich damit am meisten zufrieden, weil nach ihrer Meinung die Glieder selbst krank sind.

Der faradische Strom hat wenig Freunde gefunden. Nur die faradische Pinselung der Haut des Rumpfes und der Glieder ist enthusiastisch gepriesen worden. Man soll 5—20 Minuten lang pinseln und deutliche Empfindung, aber nicht eigentlichen Schmerz bewirken. Man dürfte auf diese etwas umständliche Weise etwa dasselbe leisten, wie durch eine spirituöse Einreibung.

Solche Einreibungen sind als symptomatische Mittel ganz brauchbar. Sie gehören unter den Begriff der Hautreizungen. In diesen aber eine Behandlung der Tabes selbst zu sehen, das ist ein Anachronismus. Die alten Aerzte behandelten alle möglichen inneren Krankheiten mit „Ableitung auf die Haut", von der rohen Vorstellung aus, dass der „Krankheitstoff" nach aussen abgeleitet werden könne. So hat man früher die Tabes-Kranken schrecklich gequält, hat ihnen mit dem Glüheisen und mit Moxen den Rücken verbrannt und zu dem alten Leiden neue Leiden hinzugefügt. In neuerer Zeit haben die Marterwerkzeuge sich verfeinert: man bedient sich der „Pointes de feu" und treibt damit besonders in Frankreich viel Unfug. Die Pointes de feu sollen mit einem kleinen Thermokauter zu 30—50 Punkten auf eine handgrosse Fläche längs der Wirbelsäule alle 10 Tage etwa angebracht werden. Die milderen Formen der Hautreizung sind weiter unten noch zu erwähnen.

Hautreizung und noch etwas dazu ist die von ihren Anhängern übermässig gerühmte Massage. Sie hat natürlich als Behandlung der Tabes keine Bedeutung, doch kann die allgemeine Massage, ähnlich wie die Wasserbehandlung zur allgemeinen Kräftigung auch Tabes-Kranker gelegentlich verwendet werden.

Aehnlich ist die Gymnastik, sei es die deutsche, sei es die schwedische zu beurtheilen. Nur hat diese noch einen besonderen Werth als Mittel gegen die Ataxie, wovon weiterhin zu sprechen ist. Die Behandlung mit Zander'schen Maschinen ist eine Mischung von Massage und Gymnastik. In manchen Hinsichten leistet sie weniger als die Handmassage und die inviduell geleitete Gymnastik, immerhin ist sie bei mässiger Verordnung unschädlich und kann gelegentlich Verwendung finden.

Ein für die Aerzte beschämendes Capitel der neuen Medicin ist die Lehre von der Nervendehnung und von der Dehnung der Wirbelsäule. Die Vorstellung, die Tabes durch Dehnung des

Nervus ischiadicus zu heilen, ist so absurd, dass jeder wissenshaftlich Gebildete vor ihr erschrecken muss und trotzdem hat sie nicht nur Beifall gefunden, sondern sie ist geradezu mit Begeisterung gepriesen worden, ist in sehr vielen Fällen ausgeführt worden und noch heute giebt es Aerzte, die sich nicht scheuen, die Operation an Tabes-Kranken auszuführen oder ausführen zu lassen. Die Operation besteht darin, dass der Ischiadicus an der Hinterseite des Oberschenkels freigelegt, mit dem Finger oder einem Haken aus der Wunde hervorgezogen und kräftig gedehnt wird, so dass er eine Art von Schlinge bildet. Man hat einen Ischiadicus oder beide Ischiadici, dazu unter Umständen auch noch die Crurales gedehnt. Es ist ein glänzender Beweis dafür, wie sehr die Tabes-Kranken und die Aerzte der Suggestion unterliegen, dass in der ersten Zeit mit der Operation geradezu glänzende Erfolge erzielt wurden. Offenbar sind diese Erfolge nicht alle erlogen gewesen, die Kranken wurden wirklich besser. Als aber durch die Kritik und durch das Eintreten von Todesfällen die Begeisterung für die Operation erlosch, da hörten auch die Erfolge auf. Der Wind, der alles aufgeregt hatte, legte sich und nach einer Reihe von Jahren sprach fast Niemand mehr von der Sache. Wenn man selbst das Entstehen und Vergehen solcher therapeutischen Begeisterungen erlebt hat, so kommt Einem die Sache vor wie eine psychische Epidemie und man muss an die Veitstänze des Mittelalters denken.

Wie auf das Glüheisen die Pointes de feu folgten, so folgten auf die blutige Nervendehnung die unblutige Nervendehnung und die Suspension. Sie sind absurd wie jene, aber etwas weniger gefährlich. Die unblutige Nervendehnung besteht darin, dass man das im Knie gestreckte Bein des liegenden Kranken möglichst stark im Hüftgelenke beugt. Wenn nicht, wie es allerdings bei Tabes-Kranken zuweilen der Fall ist, Anästhesie und grosse Schlaffheit der Muskeln und Bänder bestehen, so ist dieses Verfahren sehr schmerzhaft. Als „Dehnung des Rückenmarkes" (!) hat man die starke Beugung des Rumpfes des mit ausgestreckten Beinen auf einem festen Tische sitzenden Kranken nach vorn bezeichnet. Geradezu barbarisch ist das von Bonuzzi empfohlene Verfahren, das darin besteht, dass die Füsse des liegenden Kranken mit einem Tuche soweit über den Kopf nach vorn gezogen werden, dass die Kniee gestreckten Beine der Stirn nahe kommen. Als Dehnung en miniature kann das Verfahren Blondel's gelten, der den Kranken die Kniee der gebeugten Beine dem Kinne nähern und mit einem Bande um Nacken und Kniekehlen einige Minuten lang festhalten heisst.

Die Suspension, d. h. das Aufhängen der Kranken in dem Apparat von Sayre, wurde jüngst von Motschutkowsky in Odessa probirt, dann von Charcot, dessen Schüler Raymond den Russen besucht hatte, approbirt und infolgedessen mit allgemeiner Begeisterung ausgeführt. In der Salpêtrière wurde das Aufhängen geradezu fabrikmässig betrieben, die Kranken strömten zu und es wurden die schönsten Erfolge erzielt. Die Tabes-Kranken einer grossen Stadt bilden, nebenbei gesagt, ein nach Neuem heisshungriges, immer auf der Lauer liegendes Publikum; sobald ein neues Heilverfahren, am liebsten ein etwas phantastisches aufgespürt wird, stürzen sie sich darauf und einige Zeit lang hilft das Neue. Die Suspension wurde natürlich auch „wissenschaftlich" geprüft, die einen fanden heraus, dass die Wirbelsäule dabei ein Bischen länger wird, die anderen, dass sie ein Bischen kürzer wird, man hängte Kaninchen und Hunde auf, kurz, man wendete die Hilfsmittel der Wissenschaft an. Die neue Methode wurde auch in Deutschland vielfach in Gebrauch genommen und leistete anfangs Befriedigendes. Jetzt, nach einigen Jahren ist es wenigstens hier zu Lande ganz still davon geworden. Von Zeit zu Zeit erzählt mir ein Tabeskranker achselzuckend: „wissen Sie damals, als wir aufgehängt wurden." Es mag wohl auch der Umstand zu einer kühleren Auffassung beigetragen haben, dass bei den Aufgehängten gelegentlich einmal das Herz stille steht. Bei der ursprünglichen Methode wurden die Kranken an Kinn und Nacken und zugleich mit Achselbändern aufgehängt und einige Minuten schwebend erhalten, ein Verfahren, das besonders bei schweren Leuten und solchen mit Arteriosklerose gefährlich werden kann. Später wurde ein von Dr. Sprimon erdachter Apparat empfohlen, mittelst dessen die Kranken in sitzender Stellung an den Ellenbogen und zugleich am Kinn und Nacken gefasst und durch ein über eine Rolle gleitendes Gewicht (etwa 100 Pfund) gehoben werden. Manche haben die Kranken auf eine schiefe Ebene gelagert, an Kopf oder Schultern fixirt und die „Dehnung" der Körperschwere überlassen, wobei nichts passiren kann.

Wie die Suspension so ist wohl auch das Korsett des Orthopäden Hessing als Suggestionbehandlung zu bezeichnen. Dieses soll angeblich die Wirbelsäule stützen und entlasten, wird vom Verfertiger erst nach vielen Proben kunstgemäss hergestellt und kostet heidenmässig viel Geld. Manchem Tabes-Kranken thut es thatsächlich ganz gut, wenn sie ein Korsett tragen (vielleicht wegen der gleichmässigen Wärme), aber sie können es sich von jedem geschickten Bandagisten herstellen lassen.

Die bisher besprochenen Methoden verdienen es kaum, ernsthaft genommen zu werden, etwas anderes ist es mit der Behandlung der einzelnen Symptome, wobei freilich von einer Einwirkung auf den tabischen Process Abstand genommen wird.

Am häufigsten muss der Arzt gegen die Schmerzen der Tabes-Kranken etwas thun. Früher war man fast ganz auf Externa angewiesen. Hier hat die neue Zeit einen wirklichen Fortschritt gebracht, indem sie uns mit neuen und ziemlich unschädlichen Schmerzmitteln bekannt gemacht hat. Die wichtigsten dieser sind: Acetanilid (oder Antifebrin), Phenacetin und Antipyrin, ausserdem können salicylsaures Natron, Salipyrin, Exalgin, Laktophenin und die ganze Reihe ähnlicher Verbindungen, mit denen uns die pharmakologische Betriebsamkeit beschenkt hat, gebraucht werden. Man giebt vom Antifebrin 0,5—1 g, vom Phenacetin ebensoviel, vom Antipyrin 1—2 g, vom Salipyrin 1—3 g; auch kann man Mischungen verwenden. Alle diese Mittel wirken auf eine uns unbekannte Weise bei den sogenannten Nervenschmerzen schmerzlindernd, wahrscheinlich durch Einwirkung auf die dem Schmerzgefühle entsprechenden Gehirntheile. Thorheit ist es, gegen die Schmerzen Bromsalze zu verordnen; sie helfen gar nichts. Mit Antifebrin und den verwandten Mitteln gelingt es meist, den Tabes-Kranken bei den lancinirenden Schmerzen Erleichterung zu schaffen. Jedoch kann man die äusseren Mittel trotzdem nicht entbehren. Denn aus verschiedenen Gründen soll man Arznei nicht geben, wenn sie nicht unbedingt nöthig ist, und andererseits dämpfen die Arzneimittel, wenn man nicht schädliche Mengen geben will, die Schmerzen oft nicht soweit, dass man nicht noch Hilfsmittel nöthig hätte. Manchmal geht es ohne alle Behandlung ab; nicht alle Tabes-Kranken haben starke Schmerzen und ein Theil von ihnen lernt sie ertragen ohne etwas zu thun. Geht das nicht, so ist ein kühler Umschlag das einfachste und recht oft ein erfolgreiches Mittel. Viel seltener thun warme oder heisse Umschläge gut. Eine Mittelstellung nehmen die feuchten Einpackungen, die sogenannten Umschläge nach Priessnitz, ein. Sodann folgen die reizenden Einreibungen: Seifenspiritus, Kampherspiritus, Senfspiritus, Petroleumäther, Oel mit Chloroform, Chloroform allein. Sehr beliebt ist bei meinen Kranken die Paprika-Tinctur, die ich mit Kampher- oder Senfspiritus zusammen gebe. Weniger empfehlenswerth scheinen mir Mittel zu sein, die leicht die Haut beschädigen, wie Senfteige, Auflegen von heissen Compressen mit aufgegossenem Chloroform, Einpinselungen mit Jodtinctur oder Höllensteinlösung.

Man soll jede Wunde vermeiden. Dieses Bedenken liegt auch gegen die Verstäubungen von Methylchlorür vor, die eine Zeit lang enthusiastisch gepriesen wurden. Macht man sie vorsichtig, sodass kein Schorf entsteht, so ist nicht viel dagegen zu sagen. Zuweilen thut starker Druck gut, Auflagen von Sandsäcken, Aufbinden einer Bleiplatte, Einschnüren mit Binden. Wenn alles erfolglos ist und der Schmerz unerträglich zu sein scheint, so bleibt natürlich nur das Morphium übrig, das immer hilft. Da jedoch bei einer so langwierigen Krankheit wie die Tabes die Gefahr der Morphiumsucht besonders gross ist, soll man das Morphium vermeiden, wenn es irgend geht. Muss man Einspritzungen machen, so soll man es selbst thun. Merkwürdigerweise verfallen die Kranken sehr selten darauf, sich selbst eine Spritze und Morphiumlösung zu kaufen; erst wenn der Arzt ihnen oder den Angehörigen die Spritze übergiebt, verfallen sie der Morphiumsucht. Jedoch heisst es auch da, individualisiren. Ob jemand der Morphiumsucht verfällt, wenn er Morphium nimmt, oder nicht, das hängt von seinem Charakter ab. Ich kenne manche Tabes-Kranke, die durch ihre Schmerzen genöthigt sind, von Zeit zu Zeit Morphium zu nehmen, und doch nicht süchtig geworden, sondern immer bei relativ geringen Mengen stehen geblieben sind. Soll man sich den lancinirenden Schmerzen gegenüber möglichst gegen das Morphium sträuben, so gilt das nicht von den sogenannten visceralen Krisen. Besonders nicht von den Magen-Anfällen. Hier hilft einzig und allein die Morphium-Injection, alles andere ist nur Zeitverlust. Auch ist es richtig, hier gleich von vornherein soviel Morphium zu geben, wie zur Unterdrückung des Schmerzes nöthig ist; zu kleine Dosen nützen nichts. Die anderen Krisen sind sehr viel seltener und geben nicht oft Gelegenheit zum Eingreifen. Die Kehlkopfkrisen sind meist vorüber, ehe der Arzt kommt. Nöthigenfalls kann man hier Cocainpinselungen versuchen. Bei Mastdarm-Krisen kann man Opium-Suppositorien anwenden.

Bei Behandlung der Blasenstörungen ist das Wichtigste: nicht schaden, d. h. nicht ohne die äusserste Noth katheterisiren. Viele Tabes-Kranke sind schon durch das gedankenlose Katheterisiren zu einer Blasen- und Nierenbecken-Entzündung gekommen. In der grossen Mehrzahl der Fälle ist der Katheter ganz überflüssig. Auch bei vollkommener Harnverhaltung braucht man nur zu warten. Bei schlaffen Bauchdecken und in den späteren Stadien der Krankheit kann man die Blase mit der Hand ausdrücken. Bei mässigen Blasenbeschwerden erreicht man oft durch die Tinctura Nucum vomicarum, zu 10—20 Tropfen 2—3 mal täglich, ganz gute Erfolge. Natürlich kann man auch andere Strychnin-Präparate anwenden. Die sexuellen Störungen verlangen in der Regel gar keine Behandlung. In den ziemlich seltenen Fällen übergrosser geschlechtlicher Erregtheit kann man Bromkalium und kalte Umschläge anwenden. Das Gewöhnliche ist geschlechtliche Schwäche oder Impotenz. Da soll man gar nichts thun, denn es ist ganz unnöthig, dass Tabes-Kranke den Beischlaf ausüben oder gar Kinder zeugen. Sollte das letztere aus besonderen Gründen einmal doch erwünscht sein, so fehlt uns doch die Macht, zu helfen. Viele Aerzte wollen den Kranken, die Bedürfniss nach Wollust haben, gefällig sein und deshalb wird viel gebadet, elektrisirt, medicinirt; auch die Suspension-Behandlung diente nicht zum mindesten diesem Zwecke. Zu helfen pflegt das alles nichts.

Gegen die gewöhnlich vorhandene Verstopfung lässt man irgend ein mildes Abführmittel nehmen. Das kann ohne Schaden viele Jahre lang fortgesetzt werden, wenn man von Zeit zu Zeit das Mittel wechselt. Elektrisiren, Massiren u. s. w. kostet Geld und nützt nichts.

Decubitus, mal perforant und andere Haut-Erkrankungen, Knochenbrüche und Arthropathieen sind natürlich nach den Regeln der Chirurgie, und zwar der conservativen Chirurgie, zu behandeln.

Gegen die Parästhesieen hat man selten einzuschreiten. Klagen die Kranken, so versucht man es mit Einreibungen u. s. w. Gegen die Anästhesie als solche kommen auch allerhand Hautreizungen in Anwendung, meist jedoch ist kein Anlass gegeben, etwas zu thun. Dagegen fordern die Kranken Hülfe gegen die von der Anästhesie abhängenden Störungen, besonders gegen die Ataxie. Das beste Mittel gegen diese ist die planmässige Uebung. Zwar hat wohl mancher denkende Arzt die ataktischen Tabes-Kranken schon früher zu Uebungen angehalten und ich habe Kranke gekannt, die ganz von selbst ihre Ataxie durch Uebung unterdrücken lernten, aber erst neuerdings ist man der Sache methodisch näher getreten. Frenkel hat zuerst die Uebung der Ataktischen als eigentliche Kur empfohlen. Man kann in der That durch sie recht wesentliche Erfolge erreichen und das ist nicht nur für die Kranken gut, sondern es ist auch theoretisch sehr interessant. Bei allen Tabes-Kuren haben ihre Befürworter immer besonders darauf hingewiesen, dass ganz Ataktische wieder gehen gelernt hätten. Der Versicherung, dass das Suggestionwirkungen seien, begegnete ein

Schütteln des Kopfes, denn wie konnte wohl die Suggestion auf „die Hinterstränge", von deren Degeneration die Ataxie doch abhängen soll, einwirken? Nun auf die Hinterstränge wirkt weder die Suggestion überhaupt, noch die Frenkel'sche Methode, auch nicht auf die „coordinatorischen Bahnen", sondern auf die Grosshirnrinde. Von ihrer Uebung hängt die Sicherheit der willkürlichen Bewegung ab und ihre Uebung vermag, soweit es überhaupt möglich ist, die durch die Unempfindlichkeit der Gelenke u. s. w. gestörte Sicherheit der Bewegungen wiederherzustellen. Sehr passend haben die Franzosen die Methode Frenkel's als rééducation bezeichnet, in der That handelt es sich um eine Art von Erziehung. Das Wesentliche dabei ist, dass der Kranke vorgeschriebene Bewegungen unter Controle der Augen langsam und correct ausführen lernt. Zuerst lässt man ihn im Liegen ein Bein nach dem anderen bis zu einem bestimmten Punkte erheben, beugen, strecken, abziehen, anziehen, einen Fuss in kleinerem oder grösserem Bogen über den anderen legen, mit der Ferse das andere Knie berühren, mit dem Fusse einen Kreis, ein Viereck u. s. f. beschreiben. Dann folgen Uebungen im Stehen mit offenen, mit geschlossenen Beinen, mit vorgesetztem und zurückgesetztem Fusse, im Niedersitzen und Aufstehen, im Kniebeugen und Aufrichten, im Stehen auf einem Fusse, auf den Zehen. Schliesslich kommen die Gehübungen, wenn nöthig anfänglich mit Unterstützung durch zwei Laufstangen (eine Art von Barren), durch Arme Anderer, durch 1 oder 2 Stöcke, mit abgemessenen Schritten, im Takte, auf dem Striche, vorwärts und rückwärts. Die Uebungen sollen den Kranken nicht erschöpfen, sie müssen daher, besonders im Anfange, nicht zu lange fortgesetzt werden, können aber mehrmals am Tage wiederholt werden. Viel seltener als Beinübungen hat man Armübungen zu verordnen, da doch Ataxie der Arme ziemlich selten ist. Andererseits ist hier die Mannigfaltigkeit der Uebungen viel grösser und es ist dem Geschicke des Arztes weiter Spielraum gegeben. Frenkel hat eine grosse Reihe von Vorschriften gegeben: einfache Bewegungen der Hände und der Finger, Stricheziehen, Figuren beschreiben, Auffangen pendelnder Kugeln, Einstecken von Hölzchen in Löcher, Geldzählen, Schreibübungen u. s. f. Zweckmässig ist es, wenn alle Uebungen unter der Aufsicht des Arztes, oder doch eines verständigen Menschen, der den Zusammenhang versteht, ausgeführt werden. Der Erfolg hängt von 3 Bedingungen ab: vom Geschicke des Leiters, von der Individualität des Kranken und von der Art der Tabes. Natürlich sind Charakter und geistige

Fähigkeiten des Kranken wichtig; ein kluger und ausdauernder Mensch wird mehr erreichen als ein dummer oder schlaffer. Andererseits wird ein willenskräftiger und sich selbst leitender Mann von vornherein der Ataxie weniger unterliegen, als ein kopfschwacher oder ein ängstlicher, zu übeln Suggestionen geneigter Mensch. Offenbar erreicht die Frenkel'sche Kur die glänzendsten Erfolge bei Solchen, die der Ataxie gegenüber vorzeitig die Waffen gestreckt haben, die verzagt und muthlos sich sozusagen der Krankheit hingegeben haben und bei denen dann erst während der Behandlung zu Tage tritt, ein wie grosser Theil ihren Bewegungstörungen seelischer Art ist. Ein Hinderniss der Besserung ist Amblyopie oder Blindheit: Glücklicherweise sind die blinden Tabes-Kranken oft nicht ataktisch. Ein Unterschied ist zwischen der acut fortschreitenden Ataxie zu machen und der gewöhnlichen, sich langsam entwickelnden. Jene geht bekanntlich nach einiger Zeit von selbst zum Theile wieder zurück. Solange sie fortschreitet, ist nicht viel zu machen, da ist Ruhe am besten. Fängt die Behandlung an, wenn die natürliche Besserung eintritt, so entsteht der Schein eines schönen Erfolges. Das eigentliche Object der Behandlung ist nur die chronische Ataxie.

Gegen die Tabes-Lähmungen ist der Arzt ziemlich machtlos. Wie früher auseinandergesetzt wurde, hat man die vorübergehenden und die dauernden Tabes-Lähmungen zu unterscheiden. Jene, besonders die vorübergehenden Augenmuskellähmungen sind, wie man sagt, therapeutisch dankbar, d. h. wenn der Patient oder auch der Arzt den natürlichen Verlauf nicht kennt, feiert man durch Hg oder Jodkalium oder Strychnin oder Electricität Triumphe. Dass das alles Täuschung ist, sieht man an der gänzlichen Erfolglosigkeit derselben Mittel bei den dauernden Lähmungen.

Gänzlich erfolglos ist die Therapie auch bei der Sehnerven-Atrophie. Freilich schreitet sie bald rasch, bald langsam fort, macht Stillstände, aber wirkliche Besserungen giebt es nicht. Man hat natürlich alles mögliche versucht. Die lange fortgesetzten Einspritzungen von Strychnin oder auch von Goldcyanür-Natrium und Quecksilbercyanür unter die Haut der Schläfe finden auch heute noch Empfehler, ich fürchte aber, dass sie dem Arzte besser bekommen als dem Kranken. —

Kommt der Tabes-Kranke zum Arzte und erkennt dieser die Krankheit, so soll er zunächst den Namen der Krankheit verschweigen. Die Kranken bringen gewöhnlich die Vorstellung mit, dass rückenmarkskrank (oder „Rückenmärker") sein soviel bedeute, wie mit Sicherheit einem qualvollen Ende entgegen gehen. Ich pflege den Kranken zu sagen: „Sie leiden an einer chronischen Nervenkrankheit; ganz heilbar ist die nicht, weil dabei manche Nervenfasern zu Grunde gehen, aber wenn Sie verständig leben, können Sie voraussichtlich auch mit der Krankheit thätig sein und lange leben." Sodann sind Verhaltungsmaassregeln zu geben: Erkältungen und Anstrengungen vermeiden und mässig sein. Der Kranke muss eine trockene und womöglich sonnige Wohnung haben. Führt ihn seine Arbeit in Gefahr, sich zu erkälten oder sich übermässig körperlich anzustrengen, so mag er andere Arbeit suchen. Bei kaltem Wetter ist warme Kleidung nöthig, besonders sind die Füsse warm zu halten. Anstrengende Jagden, Bergbesteigungen, langes Reiten u. s. w. sind zu unterlassen. Bei jeder Thätigkeit heisst es: ohne Hast und nie weiter als bis zur beginnenden Ermüdung! Geistige Getränke sind nur mässig zu geniessen. Das Beste ist die Abstinenz, aber sie ist nicht immer zu erreichen und nach unserem Wissen schaden geringe Mengen alkoholhaltiger Getränke dem Tabes-Kranken nicht mehr als jedem Gesunden. Thee und Kaffee sind erlaubt. Auch soll man einige leichte Cigarren erlauben, denn es ist unrecht, mehr zu verbieten, als man muss. Essen kann der Kranke, was ihm schmeckt und was ihm bekommt. Ist er verheirathet, so mag er den Beischlaf ausführen, wenn die Natur ihn treibt. Gemüthsbewegungen schaden Jedermann, besonders aber jedem Kranken. Fernhalten von Sorgen, Aufregungen u. s. w. ist oft auch für den Tabes-Kranken mehr werth als Medicin. Sehr wohlthätig ist der Aufenthalt im Freien; soviel wie möglich heraus aus der Stube. Reiche können den Winter in einem milden Klima zubringen, weil sie dann mehr im Freien sein können.

Die weitere seelische Behandlung ist theils eine directe, theils eine indirecte. Die hypnotische Suggestion ist bei Tabes-Kranken selten angezeigt, weil man mit dieser doch nur einzelne Symptome (Schmerzen, Ataxie) bekämpfen kann und weil die meisten Patienten, d. h. gebildete Männer im reifen Alter, für Schlafsuggestion wenig empfänglich sind. Trifft man empfängliche Naturen, so kann man gute Erfolge haben, wie einzelne Beobachtungen darthun. Indessen möchte ich der Ataxie gegenüber mehr zu der früher besprochenen Erziehung im Wachen rathen. Die Schmerzen aber kommen so unregelmässig, dass man ihnen nicht entgegengehen kann, und sind sie einmal da, so stören sie gewöhnlich jede directe Suggestion.

Wichtig ist eine gewisse Erziehung der Kranken im Allgemeinen. Der Arzt muss ihnen klar zu machen suchen, dass es besser ist, das Unabwendbare mit Verstand und Geduld zu ertragen, als zu jammern und fortwährend nach neuen Mitteln zu suchen. Geht es leidlich, so soll nicht immerfort behandelt werden. Ebendeshalb muss der Kranke wissen, dass eine vollständige Heilung nicht möglich ist. Das muss der Arzt offen sagen, obwohl natürlich die Vertröstung auf „Besserung" nicht nur zulässig, sondern auch nöthig ist. Als Mittel der indirecten Suggestion dient, abgesehen von der symptomatischen Behandlung, die „Therapie". Bei ihr muss der Arzt an erster Stelle das non nocere berücksichtigen. Am meisten sind eine einfache Wasser-Behandlung, die üblichen Badekuren, die Behandlung mit unschädlichen Medicamenten zu empfehlen. Ich kenne manche verständige Tabes-Kranke, die jedes Jahr ein Bad, oder die Seeküste, oder sonst einen Kurort aufsuchen, im Uebrigen ihre Schmerzen bekämpfen, von aller weiteren Behandlung aber absehen und sich relativ wohl dabei befinden.

Sammlung von Beispielen.

Symptomenreiche Tabes bei einem Manne; Section.

Mann von 41 Jahren. Beginn der Erkrankung im Jahre 1873 mit lancinirenden Schmerzen in den Füssen und im Kreuz, Unsicherheit beim Gehen, Gefühlsstörung an den Beinen, Blasenbeschwerden, Potenzschwäche, Ausfallen der Nägel u. s. w. Im Jahre 1877 Brechanfälle. Bei der Aufnahme (1877) starke Ataxie der Beine, beträchtliche Sensibilitätstörung (Analgesie, verlangsamte Empfindungsleitung), Fehlen des Kniephänomens, Pupillenstarre. An den Armen bis auf Spontanbewegungen der Finger (besonders des 4. und 5.) nichts Pathologisches. In den folgenden Jahren sehr häufig auftretende krampfhafte Zuckungen der Beine, die nach Anwendung von Ferrum candens auf den Rücken vorübergehend schwanden. 1878 Parästhesieen und Taubheitgefühl an den Fingerspitzen; 1879 Anfälle von Dyspnöe und Aphonie (?), psychische Eigenthümlichkeiten (Morphium?); Ataxie der Rumpfmuskeln und leichte Ataxie der Arme. Schwellung des rechten Beines, Arthropathie des rechten Hüftgelenks, die zur Spontanluxation führte. Gastrische Krisen. 1882 leichte Verringerung des Schmerzgefühls an den Armen. 1883 deutliche Sensibilitätstörung an den Händen, besonders im Ulnarbezirke. Anfall von Dyspnöe und Krampfhusten. Perverse Temperaturempfindung. Fortwährend blitzartige Schmerzen im linken Arme an der Kleinfingerseite beginnend. Ende 1884 Tod unter typhösen Erscheinungen. Befund: Graue Degeneration der Hinterstränge. Arthropathie des rechten Hüftgelenks (der Femurkopf fehlt vollständig, ebenso Trochanter), Typhus abdominalis. Mikroskopischer Befund: Fast totale Atrophie der Hinterstränge des Rückenmarks, Faserschwund in den Clarke'schen Säulen und der hinteren grauen Substanz, Degeneration der Spinalganglien, der sensiblen Nerven an den Gliedern, des Nervus vagus. Normales Verhalten des Nervus laryngeus superior.

(H. Oppenheim und E. Siemerling. Archiv für Psychiatrie und N. XVIII. s. p. 98. 1887.)

Symptomenreiche Tabes bei einem Weibe; Section.

Frau von 38 Jahren. Seit den Jugendjahren häufig Kopfschmerz, der später den Charakter der Hemikranie gewann. Nach einer schweren Entbindung im Jahre 1873 Schwäche in den Beinen. Im Jahre 1881 Erblindung auf dem linken, nach einiger Zeit auch auf dem rechten Auge. Häufig reissende Schmerzen in den Gliedern und Gefühlsstörung, besonders in den Händen. Pupillenstarre; Atrophia nervor. optic.; Anästhesie im rechten Quintusgebiete, die später eine Zeit lang wieder schwand, sich dann aber über das ganze Gesicht und die vorderen Kopftheile ausbreitete; Fehlen des Kniephänomens; Ataxie der Beine. Im weiteren Verlaufe gastrische Anfälle, heftige Larynxkrisen mit Heiserkeit, Respirationstörungen, leichte Schlingbeschwerden. Ferner in den Armen eine von dem Ulnarbezirke in der Vola manus ausgehende, sich allmählich auf die übrigen Finger, Hand u. s. w. ausbreitende Anästhesie für alle

Gefühlsqualitäten, mit Ausnahme des Schmerzgefühls. Diese Anästhesie schritt am rechten Arme schneller vor als am linken; am spätesten wurden der linke Daumen und der Zeigefinger ergriffen. Starke Ataxie der Arme. Spontanbewegungen der Finger. Herpes labialis, Stomatitis ulcerosa. In den letzten Lebensjahren sehr heftige Schmerzen in den Gelenken der oberen und unteren Glieder, besonders bei aktiven und passiven Bewegungen. Hautsensibilität an den Beinen im Ganzen wenig gestört, während das Muskelgefühl stark beeinträchtigt war. Tod im September 1884.

Befund. Makroskopisch: Graue Degeneration der Hinterstränge und der Optici. Arthropathieen eigenthümlicher Art. Mikroskopisch: Sehr starke Hinterstrangdegeneration, nicht systematische Seitenstrangerkrankung. Atrophie der NN. vagi, besonders der laryngei recurrent., ohne Veränderung ihrer Kerne und Wurzeln. Neuritis der Hautäste des Nervus ulnaris. Sehr geringe Veränderungen an den sensiblen Nerven der Beine.

(H. Oppenheim und E. Siemerling. Archiv für Psychiatrie und M. XVIII. s. p. 98. 1887.)

Typische Tabes bei einem Weibe. Frau D., eine 33jährige Kaufmannsfrau, deren Eltern am Phthisis gestorben waren, war immer zart und schlank, aber bis zu ihrer jetzigen Erkrankung gesund gewesen. Sie hatte in angenehmen äusseren Verhältnissen gelebt, sich nie Strapazen oder Erkältungen ausgesetzt. Vor 11 Jahren heirathete sie und gebar ein Jahr später ein Kind, das im Alter von 7 Jahren gestorben ist. Vor 9 Jahren wurde sie durch ihren Mann, der sich auswärts inficirt hatte, angesteckt. Es traten Schmerz in und Ausfluss aus den Genitalien, Anschwellung der Leistendrüsen auf. Der Arzt erklärte die Krankheit für Syphilis, gab Pillen und graue Salbe bis Speichelfluss eintrat. Gekränkt und gedemüthigt liess sie sich von ihrem Manne scheiden. Vor 7 Jahren verheirathete sie sich zum 2. Male mit einem kräftigen gesunden Manne, blieb aber kinderlos. Der Tod ihres Kindes vor 3 Jahren betrübte sie tief; seitdem fühlte sie sich krank. Seit 2 Jahren bemerkte sie Schwäche der Knice, dann der ganzen Beine, andauernde Kälte der Füsse, stechende Schmerzen in der Ferse und im Oberschenkel. Sie magerte ab, wurde schlaflos, verfiel in andauernd trübe Stimmung. Langsam und gleichmässig nahm das Leiden zu.

Sie war eine mittelgrosse, magere, anämische Frau. Ihre Hauptklage war gegen die peinigende Schlaflosigkeit gerichtet. Mit Thränen erzählte sie ihre Geschichte und war andauernd deprimirt. Die inneren Organe waren gesund, der Befund an den Genitalien (Prof. Credé) normal, nirgends bestand Drüsenschwellung oder sonst eine Spur von Syphilis. Der Gang war atactisch. Schwanken bei Augenschluss. Die Fusssohlen waren sehr, die Füsse und Unterschenkel mässig, die Oberschenkel wenig analgetisch. Das Kniephänomen fehlte, der Sohlenreflex war schwach. Der Urin floss bei Husten und Lachen ab. Es bestand schmerzhafter Stuhldrang. Die Voluptas sexualis war seit 1 Jahre erloschen. Die Pupillen waren mittelweit und reagirten gegen Licht nicht. Schmerzen bestanden zeitweise in den Beinen, dauernd im Rücken, der zum Theil hyperästhetisch war. Kribbeln im Radialisgebiete der Hände.

Während einer mehrmonatigen Beobachtung, bezw. Behandlung, verschlimmerte sich der Zustand langsam. Eine Schmierkur hielt die Verschlimmerung nicht auf. Später brauchte die Kranke Oeynhausen ohne Erfolg.

(E. B. Neurologische Beiträge III. p. 108. 1895.)

Tabes bei einem Kinde. Ernst R., 16 Jahre, klagte über Sehschwäche. Der Vater hatte sich mit 25 Jahren inficirt und 2 Jahre später an breiten Kondylomen gelitten. Die Mutter hatte 2 mal abortirt, war vor 6 Jahren an Herzschlag gestorben. Da der Vater seit einigen Jahren über rheumatische Gliederschmerzen klagte, wurde er untersucht und es ergab sich, dass er leichte Schwäche und Anästhesie der Beine, Pupillendifferenz, Fehlen des Kniephänomens darbot. Der Knabe hatte nach der Geburt an Schnupfen und Ausschlägen gelitten. Vor 3 Jahren hatte sich Enuresis nocturna eingestellt, die nach ½ Jahre sich wieder verlor. Vor 2 Jahren waren heftige Schmerzen in ganz gesunden Schneidezähnen aufgetreten, die öfter wiederkehrten und Druckempfindlichkeit des Infraorbitalispunktes hinterliessen.

Zur Zeit bestanden doppelseitige Sehnervenatrophie, starke Amblyopie, Einschränkung des Gesichtsfeldes beiderseits und vollständige Achromatopsie rechts. Schwanken bei Augenschluss, Hyperästhesie des untersten Halswirbels. Fleckweise Anästhesie an den Beinen, Fehlen des Kniephänomens.

(B. Remak. Berliner klin. Wochenschr. XXII. 7. 1885.)

Tabes bei einem Kinde. Marie D., 12 Jahre, klagte über Sehschwäche. Der Vater hatte sich 1866 inficirt und war seitdem leidend. Die Mutter hatte während der 1. Schwangerschaft einen Ausschlag und Defluvium capill. gehabt. Das Kind war hinfällig und starb im 1. Jahre. Die Mutter war andauernd krank, einmal sah sie doppelt, wiederholt hatte sie Knochenauftreibungen. Sie abortirte 4 mal, weitere 3 Kinder starben im 1. Jahre. Die kranke Marie hatte im 9. Jahre sich bei einem Falle auf den Hinterkopf verletzt. Bald danach trat Enuresis noct. ein und auch bei Tage wurde der Urin nicht ordentlich gehalten. Beim Entleeren der Blase musste Marie lange pressen. Bis vor ³/₄ Jahren ging auch der Koth unwillkürlich ab. Im weiteren Verlaufe traten wiederholte Ohnmachtanfälle, zuweilen mit Erbrechen ein. 1881 bemerkte die Mutter, dass das linke obere Lid nicht gut gehoben werden konnte. Dann trat Doppeltsehen ein und es begann das Sehvermögen abzunehmen.

Im Jahre 1883 ergab die Untersuchung: beiderseits Sehnervenatrophie, Gesichtsfeldbeschränkung, besonders für Farben, ausserdem Gürtelgefühl, Herabsetzung der Tast- und Schmerzempfindlichkeit an den Beinen, Fehlen des Kniephänomens. Von Zeit zu Zeit Anfälle reissender Schmerzen in Armen und Beinen mit Zuckungen, oft Gefühl von Kälte und Eingeschlafensein der Glieder. Mehrmals heftiges anhaltendes Erbrechen mit starken Magenschmerzen.

(B. Remak. Berliner klin. Wochenschr. XXII. 7. 1885.)

Tabes mit tertiärer Syphilis. 42 jähriger Bierbrauer. 1866 syphilitische Infection. Seit Jahren neuralgische Schmerzen in allen Gliedern. Parästhesieen erst am After, dann in Händen und Füssen. Allmählich eingetretene Vertaubung und Ungeschicklichkeit der Hände. Leichte Blasenbeschwerden. Zeitweise etwas Unsicherheit des Ganges.

1886: Pupillen oval, träge reagirend, Schwäche des linken Arms, starke Anästhesie der Hände, deutliche Hypästhesie des Rumpfes und der Beine, erhaltenes Kniephänomen. Später hie und da reissende Schmerzen in den Gliedern, Kopfschmerzen, beständige unwillkürliche Bewegungen der Finger. Dann psychische Schwäche, leichte Sprachstörungen. Körperlicher Verfall. Starke Diarrhöe. Tod.

Trübung und starke Verdickungen der Pia cerebralis. Geringe Granulirung des Bodens des 4. Ventrikels. Die Pia spinalis im Halstheile mit der Dura verwachsen, in der ganzen Länge des Markes über den Hintersträngen getrübt und verdickt. Die Hinterstränge im Hals- und oberen Brust-Theile graugelblich verfärbt. Im Halstheile 2 breite, nach vorn convergirende Degenerationsstreifen in den Burdach'schen Strängen, Randdegeneration, ausserdem ein keilförmiges Entartungs-Feld im rechten Vorderstrange. Die Entartung erstreckte sich nach oben bis zum unteren Theile der Oblongata, nahm nach unten zu allmählich ab und hörte in der Mitte des Brustmarkes auf.

(C. Eisenlohr. Festschrift. Hamburg 1889.)

Tabes mit Syphilis des Rückenmarkes. Die 31jährige Kr. zeigte (1885): abgelaufene Keratitis parenchymatosa, Iridochorioideitis syph., Lähmung des rechten Oculomotorius, Pupillenstarre (iritische Synechien), reissende Schmerzen in den Gliedern, krampfhafte Hustenanfälle und Schlingbeschwerden, Parese des Gaumensegels und des rechten Stimmbandes, des rechten Cucullaris und Sternocleidomastoideus, Brechanfälle, Pulsbeschleunigung, Fehlen des Kniephänomens, Sensibilitätstörungen an den Beinen, Harnbeschwerden. Besserung durch Schmierkur. Die Lichtreaction der linken Pupille war wieder nachweisbar. Später (1886) wurde die Kranke wegen Verschlimmerung wieder aufgenommen. Nun konnte trotz Fehlen des Kniephänomens Fusszittern hervorgerufen werden. Eine zweite Schmierkur war erfolglos. Im Jahre 1887 bestand spastische Parese der Beine mit lebhafter Steigerung des Kniephänomens und Fussclonus. Im Jahre 1888 starb die Kranke an Carcinoma uteri.

Die anatomische Untersuchung ergab einen Erweichungsheerd im linken Corpus striatum, Pachymeningitis interna chronica et Arachnitis gummosa im Rückenmarkskanal. Die spinale Meningitis war am stärksten am untern Brust- und obern Lendentheile. Graulichspeckiges Gewebe umgab das Mark, umklammerte und durchwuchs die Wurzeln, drang zum Theil auch in das Mark ein und hatte im untern Brusttheil den ganzen Querschnitt eingenommen, so dass auf- und absteigende Entartung zu Stande gekommen war. Im verlängerten Mark waren atrophisch das rechte Solitärbündel, der hintere Vaguskern und besonders der Glossopharyngeuskern und die Wurzelfasern, der Abducenskern. Deutlich war auch die Atrophie der Oculomotoriuskerne.

(H. Oppenheim. Berl. klin. Wochenschr. XXV. 53. 1888.)

Anscheinend traumatische Tabes. Ein 47jähr. Tuchmacher, der nicht syphilitisch gewesen sein wollte, verletzte sich durch einen Fehltritt am Webstuhle, wobei der linke Fuss „umknickte" und der linke Radius gebrochen wurde. Ueber den Fuss klagte der Verletzte erst nach 3 Wochen, und zwar gab er Schmerzen an, die vom Fussgelenke in die Hüfte zogen und nur bei Bewegungen eintraten, und Parästhesieen, die in der Ruhe bestanden. Das Bein wurde immer unbrauchbarer. Nach 6 Monaten wurde das Harnlassen erschwert. Hitzig untersuchte den Kranken 1½ Jahr nach dem Unfalle. Die Pupillen waren ganz starr. Die Kraft der linken Glieder war vermindert, ihre Bewegungen waren ataktisch. „Am Rumpf werden Pinselberührungen vorn links von der 3. bis 4. Rippe bis zum Oberschenkel, vorn rechts bis zur Nabelhöhe nicht empfunden; hinten reicht eine Anästhesie vom 4. Dornfortsatz links gleichfalls bis zum Oberschenkel, rechts bis zum 1. Kreuzbeinwirbel." Auch an den Beinen war die Empfindlichkeit vermindert. Das Kniephänomen fehlte beiderseits, der Fusssohlenreflex fehlte links. —

Da der Kranke vor dem Anfalle nicht untersucht worden ist, weiss man nicht, ob nicht tabische Veränderungen vorher bestanden haben. Auch könnte es sein, dass in diesem Falle ein Theil der Symptome hysterischer Natur gewesen wäre, so dass die traumatische Hysterie der Tabes superponirt gewesen wäre. (E. Hitzig. Ueber traumatische Tabes u. s. w. Berlin. A. Hirschwald. 1894.)

Anosmie mit anderen Hirnnerven-Symptomen bei Tabes-Paralyse. 46jährige Frau, mit 18 Jahren Syphilis, seit 9 Jahren Tabes. Schmerzen beim Harnen und beim Stuhlgange. Heftige Magenkrisen. Vorübergehende Gaumenlähmung. Mangel des Geruchs mit subjektiven Gerüchen. Verfolgungswahn wechselnd mit Grössenvorstellungen und Zornesausbrüchen. Herpes im Peronäusgebiete. Augenmuskellähmung. Tod.

Leptomeningitis cerebralis anterior. Atrophie des linken Trigeminus. Verdickung und Adhäsion der Pia über den Corpp. quadrigeminis. Graue Verfärbung in der Gegend der Oculomotoriuskerne. Atrophie der Olfactorii mit umschriebener Meningealverdickung bis zum Ammonshorne. Die mikroskopische Untersuchung der Oblongata ergab Degeneration des untern Trigeminuskerns und der aufsteigenden Trigeminuswurzel, Degeneration von Clarke's slender column. Im Rückenmarke die typische Hinterstrangdegeneration. Hypertrophie des linken Ventrikels und Atherom der Aorta.

(Nach Pierret. C. E. Putnam, Thèse de Paris, 1883.)

Ophthalmoplegia exterior bei Tabes. Ein 48jähriger Gärtner, früherer Polizist, der Syphilis leugnete und 7 lebende Kinder hatte, darunter aber ein Mädchen mit Keratitis interstitialis, bekam 1869 leichte rechtseitige Abducens- und Accommodation-Lähmung. Früher viel „Rheumatismus" und Schwindel. Etwas Besserung durch Jodkalium. Im Jahre 1873 Paralyse beider Recti interni und Parese aller andern Augenmuskeln, Atrophia n. optici, Pupillenstarre. Keine Besserung durch Hg. Im Jahre 1874 Gürtelgefühl, Taubheit der Haut des Rumpfes und der Glieder. Zunehmende Schwäche. Kopfschmerzen. Lähmung und Kälte der Beine. Tod 1876.

Nur das Hirn konnte secirt werden. Gowers machte die Untersuchung. Graue Degeneration der Optici und der Oculomotorii; die Fasern der letzteren im Hirnschenkel waren nur durch Bindegewebezüge angedeutet, ihre Kerne unter den Vierhügeln waren degenerirt, die Ganglienzellen verschwunden und nur wenige deformirte Zellen geblieben. Vom Trochlearis war nichts zu sehen, auch seine Kerne waren degenerirt. Partielle Degeneration des Trigeminus. Ausgeprägte Atrophie der Abducentes und Degeneration des Abducenskerns. Facialis, Acusticus, Glossopharyngeus, Vagus u. s. w. sämmtlich normal. Die Veränderungen waren histologisch denen bei progressiver Muskelatrophie analog.

(J. Hutchinson. Med. chir. Transactions LXII. p. 307. 1879.)

Ophthalmoplegia exterior bei Tabes. Eine 25jährige Frau wurde am 16. Januar 1879 aufgenommen. Sie hatte rechts leichte Ptosis, Lähmung der Recti und Obliqui, nur der Rectus inf. konnte kleine Bewegungen ausführen. Links Ptosis und Lähmung aller Drehmuskeln mit Ausnahme des Rectus externus. Reflectorische Pupillenstarre (rechte Pupille 4 mm, linke 4.5 mm). Die rechte Gesichtsseite blieb bei Bewegungen etwas zurück. Die Arme waren schwach. Leichte Anästhesie an den ersten 2 Fingern rechts. Starke Ataxie, mässige Anästhesie der Beine; kein Kniephänomen. Atrophie des rechten Serratus magnus, der rechten „Interscapularmuskeln", des rechten Pector. maj., beider Sternocleidomastoidei, der Glutaei. Gastrische Krisen. Schmerzen in Kopf und Gliedern. Oppressionsgefühl. Allerhand Parästhesieen. Mangel des Sättigungsgefühl.

Die Patientin hatte mit 17 Jahren Schanker, Rachenentzündung und kupferfarbenen Ausschlag gehabt, mit 22 Jahren eine starke Erkältung durchgemacht, nach der sie sich dauernd matt und auf der Brust beengt fühlte. Sie hatte dann Schmerzen im Rücken, in der Vagina und lebhaften Harnzwang. Einige Monate später Ptosis, Schwindel, lancinirende Schmerzen. Schmierkur und Jodkalium halfen nichts.

(Th. Buzzard, Clinical lectures etr. p. 180. 1881.)

Ophthalmoplegia exterior bei Tabes. Ein 36jähriger Mann, der nach 16jährigem Dienste in der Armee wegen Herzleidens pensionirt war, eine gelähmte Schwester hatte und angeblich nie syphilitisch gewesen war, wurde im September 1880 aufgenommen. Seit 5 Jahren „rheumatische" Schmerzen, besonders seit 6 Monaten. Seit März unsicherer Gang. Seit 2 Jahren Doppeltsehen, seit Weihnachten beträchtliche Sehstörung, Schwerhörigkeit, seit 3 Monaten Schlingbeschwerden.

Ptosis rechts mehr als links. Die Bulbi waren bewegungslos, mit leichter Divergenz der Sehachsen. Die Pupillen (rechts 3.5 mm, links 3 mm) reagirten nicht auf Licht. Keine Veränderung des Augenhintergrundes. Schwäche des unteren Facialisgebietes, besonders links. Beschwerden beim Schlucken fester Speisen. Taubheit mit subjectiven Geräuschen, besonders rechts. Keine deutliche Anästhesie. Allgemeine Atrophie der Glieder. Ataxie der Beine. Kein Kniephänomen. An der Herzbasis ein lautes Geräusch, Puls celer, Arterien rigid.

Nach 3wöchigem Spitalaufenthalte wurde der Patient plötzlich von Husten, Dyspnöe, Cyanose, Verwirrung befallen. Der Anfall dauerte etwa 20 Minuten. Bald danach Tod an Pneumonie.

Bei der Section fand man verschiedene Hirnnerven nicht vor, nämlich das 6. Paar; sie waren offenbar so atrophisch, dass sie übersehen wurden. Die Mitralklappen waren leicht verdickt, die Aortenklappen waren anscheinend gesund, die Sin. Valsalv. aber und der ganze Anfang der Aorta stark erweitert.

Die genauere Untersuchung des Rückenmarks durch Bevan Lewis ergab graue Degeneration der Hinterstränge, am stärksten im Lendentheile, mit zahlreichen Spinnenzellen, Amyloidkörpern und Verdickung und Erweiterung der Blutgefässe. Die stärkste Veränderung zeigte im ganzen Marke die „postcommissurale Zone"; weniger stark waren die hintern Wurzelzonen und Wurzeln degenerirt. Sklerose der Goll'schen Stränge nach unten abnehmend. Atrophie der Hinterhörner. Die vordern Abschnitte des Markes waren normal. Die untere Hälfte des 4. Ventrikels und die Kerne des Accessorius, Hypoglossus, Vagus, Glossopharyngeus erschienen normal, desgleichen das Corpus restiforme und die Oliven. Die Wurzelfasern des Abducens, der Facialis-Abducenskern waren in hohem Grade atrophisch; in ihrer Umgebung zahlreiche verdickte und erweiterte Blutgefässe, miliare Hämorrhagieen. Brüche u. s. w. konnten leider nicht untersucht werden.

(Th. Buzzard. Clinical lectures etr. p. 180. 1881.)

Oculomotorius- und Trigeminuserkrankung bei Tabes. Frau L., Handelsfrau, 37 Jahre alt, stammte aus gesunder Familie und war früher stets gesund und kräftig. Sie verheirathete sich mit 27 Jahren, gebar 2 gesunde Kinder, nach vier Jahren aber starb der Mann. Ein Jahr danach nahm sie einen 2. Mann. Von ihm erfuhr sie später Folgendes. Er war von je liederlich, dem Trunke und den Weibern ergeben. Seine Frau 1. Ehe hatte am Leibe bräunliche Flecken bekommen und hatte ein Kind geboren, das bald, von Ausschlag bedeckt, gestorben war. Der herbeigerufene Arzt hatte dem Mann Vorwürfe gemacht, dass er Frau und Kind mit Syphilis angesteckt habe. Nachdem Frau L. etwa ½ Jahr mit diesem Manne verheirathet war, schwollen ihr die Leistendrüsen an und sie liess sich deshalb öfter „streichen". Weitere Zeichen von Syphilis hatte sie an sich nicht bemerkt, obwohl sie selbst der Meinung war, ihr Mann habe sie angesteckt, und mehrmals bemerkt hat, dass er ein krankes Glied hatte. Nach 3½ jähriger Ehe starb der Mann an Lungenschwindsucht. Geboren hat sie in der 2. Ehe nur einmal, das Kind starb bald an Krämpfen. Ob Aborte vorgekommen sind, weiss sie nicht. Starke Blutungen hatte sie mehrmals, bezog diese aber auf Senkung der Gebärmutter. Kreuzschmerzen, Stuhl- und Urinbeschwerden, die seit einer Reihe von Jahren bestehen, wurden ebenfalls dieser Veränderung schuldgegeben. Vor einem Jahre nun begann „Reissen" in den Beinen, die Sohlen wurden taub, im Ulnarisgebiete trat Kribbeln auf und die Hände wurden ungeschickt. Ebenfalls seit einem Jahre ist das linke Auge geschlossen. Vor 9 Monaten traten sehr heftige Schmerzen im Vorder- und Hinterkopf, besonders aber in den Schläfen auf, die mit Unterbrechungen etwa 3 Monate lang anhielten. Seit ihrem Aufhören ist die linke Lidspalte wieder etwas offen. Frau L. meint, ihre Krankheit sich durch Erkältungen zugezogen zu haben. Sie habe sich viel in einer kalten Küche aufgehalten und habe auf der Fahrt nach dem Marktgeschäfte, das sie seit 18 Jahren betreibt, oft sehr gefroren. Die Augenlähmung sei eingetreten, als sie mit dem durch Waschen feuchten Kopfe ins Freie ging.

Die Kranke war eine hochgewachsene stattliche Frau mit blasser Haut und bleichen Lippen, mit schlaffer Muskulatur. Es bestand weder Ataxie noch deutliche Anästhesie der Beine. Von Zeit zu Zeit traten stechende Schmerzen in den Beinen ein; das Taubheitgefühl in der Sohle hatte sich angeblich gebessert. Das Kniephänomen fehlte beiderseits. Lebhafter als in den Beinen waren die Schmerzen, die tagelang vom Ellenbogen zum 4. u. 5. Finger hinzogen, sie am Nähen hinderten und arges Taubheitgefühl hinterliessen. Es bestanden leichte Anästhesie der Finger und Andeutungen von Ataxie der Hände. Am meisten klagte die Kranke über den Kopf. Die ganze linke Gesichtshälfte kam ihr wie todt vor, Zähne und Zahnfleisch seien wie abgestorben, sie konnte links nicht kauen. Zuweilen traten in der linken Gesichtshälfte leichte (objectiv wahrnehmbare) Zuckungen ein, öfter spannende und stechende Schmerzen. „Es reisst" in den Kiefern beiderseits, und brennende Schmerzen sitzen zeitweise in der Tiefe der Augenhöhlen, die dann links auch am inneren Augenwinkel und längs des Nasenrückens sich hinziehen. Die Stirn erschien der Kranken kalt wie Eis und war oft mit kaltem Schweisse bedeckt. Zuweilen bestand starker Schwindel und zwang die Kranke tagelang im Bett zu liegen. Die Untersuchung ergab eine geringe, aber deutliche Abstumpfung der Empfindlichkeit der linken Gesichtshälfte. Die beklagte Schwäche der linken Kaumuskeln gab sich objectiv nicht kund. Beide Pupillen waren ziemlich eng, die rechte etwas enger als die linke, beide ganz starr. Das Sehvermögen war beiderseits gut. Die Beweglichkeit des rechten Auges war ganz ungestört, dagegen bestand links Lähmung aller Oculomotoriusäste. Die Ptosis war fast vollständig, passiv konnte das Lid nur nach Ueberwindung eines gewissen Widerstandes gehoben werden. Der Bulbus war nach aussen unten gerichtet, bei Bewegungsversuchen trat deutliche Raddrehung ein. Mit Anstrengung konnte die Patientin den linken Bulbus geradeaus richten, es trat dabei deutliche Secundärablenkung des rechten Auges ein. „Ich schiele dann," sagte sie. Anästhetisch war das linke Auge nicht. Sonstige Störungen von Seiten der Hirnnerven bestanden nicht. Descensus uteri. Keine Zeichen von Syphilis. Ataxie der Beine trat später ein.

(E. B. Neurologische Beiträge III. p. 118. 1895.)

Tabischer Zahnausfall. Ein Officier litt an Tabes seit dem französisch-deutschen Kriege. Er hatte lancinirende Schmerzen, Anästhesie, ausgeprägte Ataxie der Beine und Arme. Im Jahre 1877 wurden ihm einige Backzähne seines prachtvollen Gebisses locker. Er zog sie mit den Fingern heraus, ohne Schmerz, fast ohne Blutung. Dabei war das Zahnfleisch vollständig gesund. Einige Tage später zog sich der Patient ein Knochenstück (3 : 1 Ctm.) aus der Wunde, das 3 Alveolarzellen zeigte, an der äussern Seite corrodirt war und reiche Knochenkanäle enthielt. Nach der Entfernung des Sequesters schloss sich die Wunde rasch. Alle paar Monate fielen nun einige Zähne aus, denen der zugehörige Alveolartheil folgte. Als der Patient 1879 das Hospital verliess, hatte er im Oberkiefer gar keine Zähne mehr, der Kiefer war sehr reducirt, der Alveolarfortsatz ganz geschwunden, das Zahnfleisch gesund, die Kieferhöhlen waren nicht eröffnet. Im Unterkiefer waren noch einige Zähne vorhanden; wo sie fehlten, war der Kiefer zu einer cylindrischen, kleinfingerdicken Spange geworden.

(Vallin. l'Union 151—152. 1879.)

Tabischer Zahnausfall. Ein zweiter Kranker Vallin's war ebenfalls während des Krieges erkrankt. Er hatte im Winter 1870, als Gefangener in die nördlichsten Provinzen Preussens geführt, auf dem feuchten Boden einer Baracke schlafen müssen. Im Jahre 1873 bekam er lancinirende Schmerzen, 1876 trat er mit vollständiger Ataxie in das Val-de-Grâce. Er erzählte, dass er vor einigen Monaten alle Backzähne verloren habe. Sie fielen ihm während des Essens aus dem Munde. Sie waren ganz gesund, ebenso das Zahnfleisch. Im Hospital verlor er bis auf die Schneide- und Augenzähne des Oberkiefers alle Zähne. Der Alveolarrand atrophirte und der Unterkiefer stellte schliesslich eine ganz dünne Spange dar, die eine Fractur fürchten liess.

Vallin. l'Union 151—152. 1879.)

Tabischer Zahnausfall. 64jähriger Mann. Mit 34 Jahren Spyphilis; 25 Jahre später Heirath, gesunde Kinder. Im Jahre 1865 Cholerine; 1867 Amputation der rechten grossen Zehe wegen Mal perforant. Seitdem lancinirende Schmerzen der Beine und Gehstörung; 1879 typische Tabes. Seit 1 Monat waren die Zähne des linken Oberkiefers schmerzlos ausgefallen.

Man fand Anästhesie und Analgesie im ganzen Gebiete des linken Trigeminus. Die Zunge empfand keinen Schmerz, schmeckte aber. Gesicht und Gehör ungestört, doch seit Jahren linksseitige Ohrgeräusche. Im December 1879 Fractur des rechten Schenkelhalses. Rapide Atrophie der Beinmuskeln. In der Folge zunehmender Marasmus, totale Incontinenz, Decubitus. Tod am 1. Mai 1881.

Bei der Section fand sich in der rechten Niere eine Gummigeschwulst. Der Sack der Dura spinalis war durch Serum ausgedehnt, das Mark atrophisch;

die hintern Wurzeln waren grau. Beide Trigemini waren atrophisch, der linke war in einen grauen, gelatinösen Faden verwandelt, kaum erkennbar. Das Ganglion Gasseri war in eine glatte Bindegewebeschale verwandelt. Die mikroskopische Untersuchung ergab im Lenden- und untern Dorsalmarke totale Degeneration der Hinterstränge, weiter oben nur der Goll'schen Stränge. Atrophie der Vorderhörner im Lendenmarke. Die Sklerose setzte sich auf den Boden des 4. Ventrikels fort, war besonders stark in der Höhe der Kerne der Corpp. restiformia, der Subst. gelat. Rol., der aufsteigenden Trigeminuswurzel. Die Wadenmuskeln zeigten fettige körnige Entartung.

(E. Demange. Revue de Méd. II. p. 247. 1882.)

Tabischer Zahnausfall. 53 jähriger Mann. Seit 18 Jahren lancinirende Schmerzen, seit 10 Jahren motorische Störungen. Keinerlei bekannte Krankheitursache. Im Jahre 1879 typische Tabes. Anästhesie der Haut des Gesichts (mit Ausnahme des Kinns), der Conjunctiven, der Nasen- und Mundschleimhaut. Keine Gesichts- oder Gehörsstörung, Verlust des Geschmackes. Die Zähne des Unterkiefers waren meist erhalten, die des Oberkiefers waren vor 4 Jahren innerhalb 2 Monaten schmerzlos ausgefallen. Zuweilen waren lancinirende Schmerzen im Gesicht aufgetreten. Im Mai 1879 traten typische Magenkrisen und bald auch Larynxkrisen auf. Strabismus, Miosis und Amblyopie links. Puls unregelmässig, 76. Im September hartnäckige Diarrhöe. Ueberaus heftige Schmerzanfälle. Marasmus. Im August 1880 Decubitus, Incontinenz, colliquative Diarrhöe. Im September Tod.

Die mikroskopische Untersuchung ergab graue Degeneration der Hinterstränge, die sich auf den Boden des 4. Ventrikels fortsetzte. Die meisten der dort gelegenen Nervenkerne waren von sklerosirtem Gewebe umhüllt, so die Kerne der NN. glossopharyngeus, vagoaccessorius, die Corpp. restiformia, die Substantia gelatin. Rol., die aufsteigende Trigeminuswurzel. Die NN. trigemini nach ihrem Austritte enthielten viel sklerosirte Nervenbündel.

(E. Demange. Revue de Méd. II. p. 247. 1882.)

Speichelfluss bei Tabes. 42 jähriger Mann. Seit dem 19. Jahre angeblich lancinirende Schmerzen. Mit 20 Jahren Schanker und sekundäre Symptome. Allmähliche Zunahme der Schmerzen. Seit 1879 Magenkrisen und Erschwerung des Schlingens. Nachdem die unangenehme Sensation aus dem Pharynx verschwunden war, trat zwei Monate später profuser Speichelfluss auf, der 6 Monate anhielt und sich anfallsweise steigerte. Besonders früh, nach dem Aufstehen hatte der Kranke ein Gefühl von Hitze auf der Zunge und speichelte 2—3 Stunden lang sehr stark. In der Zeit vor dem Speichelflusse war kein Hg. gebraucht worden, der Mund war gesund, das Unterlassen des Rauchens bewirkte keine Veränderung. Im folgenden Jahre trat die Sialorrhöe von Neuem auf, mit ihr erschienen Dysurie und Schlaflosigkeit, die wie jene etwa 5 Monate anhielten. Zur Zeit bestanden ausser den lancinirenden Schmerzen fleckförmige Analgesie der Unterschenkel, leichte Anästhesie des rechten Fusses, ungleiche Pupillen, Amblyopie, Geruchlosigkeit. Das Kniephänomen war links lebhaft, fehlte rechts. Die peinigende Schlaflosigkeit war zur Zeit wieder erschienen.

(A. Pitres. Journ. de Méd. de Bordeaux. Janvier, 1884.)

Ohrenschwindel bei Tabes. 67 jährige Frau, seit 28 Jahren tabisch. Neigung, nach rechts zu fallen, Drehung des Bettes von rechts nach links, Gefühl des Versinkens. Locomotivenpfeifen, bes. links. Keine Uebelkeit.

Der Schwindel besteht seit 3 Jahren, er kehrte alle 8—10 Tage wieder. Sie hört die Uhr beiderseits nur beim Anlegen. Undurchgängigkeit der Tuben. Stimmgabel von der Stirn aus beiderseits gut gehört.

(P. Marie et G. L. Walton. Revue de Méd. III. p. 42. 1883.)

Ohrenschwindel bei Tabes. 52jährige Frau, seit 18 Jahren tabisch. Schmerzen im Gesichte, Diplopie, Schwindel seit 4—5 Jahren. Sie fällt nach rechts, das Bett scheint oft in der Luft zu schweben, die Kranke muss sich an die Matratze anklammern, sie hört dabei Wasser kochen, besonders im rechten Ohre. Keine Uebelkeit, kein Erbrechen im Anfalle, aber Schmerzen im Rectum. Beiderseits Cerumenpfröpfe. Beiderseits Trommelfelltrübung, besonders links. Durchgängigkeit der Tuben Uhr rechts auf 48, links auf 24 cm gehört. Stimmgabel von den Zähnen aus rechts besser gehört.

(P. Marie et G. L. Walton. Revue de Méd. III. p. 42. 1883.)

Tabische Larynx-Krisen. Ein kräftiger, erblich nicht belasteter, 33jähriger (wahrscheinlich zur Zeit der Beobachtung, 1877) Kaufmann hatte mit 14 Jahren an sehr heftiger Gesichtsneuralgie 7—8 Monate gelitten, danach 2—3 Monate an nächtlichen Kopfschmerzen. Mit 20 Jahren Tripper, mit 23 Jahren Schanker und sekundäre Syphilis, 5jährige sorgfältige Behandlung. Im Jahre 1867 Harndrang; 1870 machte der Patient den Krieg mit. Seine Gesundheit war zur Zeit gut, jedoch zeigte sich damals zuerst krampfhafter Husten mit Kitzel und Würgegefühle in der Kehle. Im Juni 1871 wurde er ohne bekannte Ursache von einem Angstanfalle mit Erstickungsnoth und Cyanose heimgesucht. Der Anfall dauerte etwa 5 Minuten und ihm vorher ging ein Gefühl von Kochen im Larynx, das sich seitdem im Beginne jeder Krise wiederholte; 1872 eine 2. Larynxkrise, vorher ein 2—3 Monate dauernder Rückfall der Gesichtsneuralgie. In den nächsten Jahren schmerzhafte Anschwellung zu den Seiten der Achillessehne, dann alle 3—4 Tage Anfälle von charakteristischen lancinirenden Schmerzen, Dysästhesie der Fusssohlen, Gürtelgefühl entsprechend dem Zwerchfellansatze, endlich 1875 ein überaus heftiger Kopfschmerzanfall. Im Juni 1876 die dritte Larynxkrise, von da an wurden die Anfälle heftiger und wiederholten sich schliesslich jeden 3. bis 4. Tag. Zwischen den grossen Anfällen hatte der Patient oft kleine keuchhustenähnliche: 4—6 kurze Exspirationen, dann eine tiefe tönende Inspiration. Diese kleinen Anfälle, denen ein Gefühl von Stechen oder Würgen im Halse voranging, wiederholten sich im Tage 6—8 mal und dauerten 1—2 Minuten. Am 8. October 1877 kam der Kranke zu Krishaber. Dieser fand das linke Stimmband unbeweglich beim Athmen und beim Stimmgeben. Indessen konnte die Glottis genügend geöffnet werden durch die kräftige Contraction des M. cricoarytaen. post. dexter, so dass Athmung und Stimme als normal erschienen. Der Kranke besuchte auch Charcot und dieser beobachtete in seinem Sprechzimmer eine Larynxkrise des Patienten. Der Anfang begann mit geräuschvollen, langgedehnten Inspirationen. Der Patient sass mit zurückgelehntem Kopfe, bleichem angstvollem Gesichte, bleichen etwas bläulichen Lippen und geschlossenem Munde, er war bei sich, konnte aber nicht sprechen; nach 1—2 Minuten wurde die Athmung leichter und es stellte sich zum Erbrechen führende Uebelkeit ein. Der Puls war während des Anfalls kräftig, regelmässig, 90 in der Minute. Am 13. November trat ein Anfall ein, der heftiger als alle bisherigen war. Auf der Strasse empfand der Patient plötzlich ein Brennen im Kehlkopfe, er suchte in einen Laden einzu-

treten, sank aber auf der Schwelle in die Kniee, bekam Dyspnoe mit keuchender Inspiration und verlor das Bewusstsein. Nach etwa 10 Minuten kam er in einer Apotheke wieder zu sich. Er empfand solche Kopfschmerzen, dass er in ein wahres Geheul ausbrach und von krampfhaften Bewegungen der Arme und Beine befallen wurde, die mehrere Männer kaum überwältigen konnten. Um diese Zeit trat unter dem Einflusse einer beruhigenden Behandlung eine beträchtliche Besserung ein und die grossen Anfälle verschwanden ganz. Erst nach 3 Jahren sah Krishaber den Patienten wieder. Die kleinen Anfälle hatten fortbestanden, aber Patient hatte sich verheirathen und weite Reisen machen können. In der ersten Zeit der Ehe war er impotent gewesen, dann war die Impotenz „zum Theil" verschwunden. Die Hauptsymptome waren jetzt: lancinirende Schmerzen, Tenesmus der Blase und des Mastdarms, Verlust des Kniephänomens, leichte Verzögerung der Tasteindrücke. Im Frühjahr 1870 befand sich der Patient sehr gut, so dass er als Officier an einer Uebung der Territorialarmee theilnehmen konnte. Am 12. Juni bekam er wieder einen grossen Anfall mit Bewusstseinsverlust, der sich in den nächsten Nächten wiederholte. Krishaber gab Bromkalium. Am 15. wieder ein sehr heftiger Anfall, so dass Patient längere Zeit bewusstlos und der Erstickung nahe war. Die Anfälle dauerten jetzt 10—15 Minuten, es handelte sich bei ihnen offenbar um einen länger anhaltenden Glottisverschluss. Grosse Abgeschlagenheit und nervöse Reizbarkeit folgten. Am 23. Juni war die Sachlage so bedenklich, dass Krishaber mit dem Paquelin'schen Thermokauter die Laryngotomia intercricothyreoidea machte. Am 24. betrug die Temperatur 36,8°, um 10 Uhr trat ein kleiner Anfall ein, erst die bekannte Sensation: der Hals schwillt an, das Gesicht wird congestionirt, die Lippen cyanotisch, nach einer Minute unter Thränen- und Speichelfluss Remission. Von Zeit zu Zeit traten noch ähnliche Anfälle ein, aber stets ohne Verlust des Bewusstseins. Offenbar bestand bei ihnen ausser dem Krampfe der Glottis auch Krampf des Zwerchfells. Allmählich wurden die Anfälle schwächer. Die Wunde heilte, die Kanüle wurde jedoch beibehalten.
(Krishaber. Annales des mal. de l'oreille, du larynx etc.
VI. 5. p. 249. 1880.)

Tabische Larynx-Krisen. Ein 51jähriger Copist, der bis auf Palpitationen und Nervosität früher gesund gewesen war, sich mit 20 Jahren einen Schanker mit secundären Erscheinungen zugezogen hatte, erkrankte mit 37 Jahren an linkseitiger Ptosis und Erweiterung der linken Pupille, dann stellten sich lancinirende Schmerzen und Ataxie ein. Zur Zeit der Beobachtung bestanden Anästhesie der Beine, weniger des Kopfes und der Arme, Blasenstörung, lebhafte Schmerzkrisen, Herz- und Magenkrisen, Ataxie. Der Patient litt seit 7—8 Jahren an einem heftigen krampfhaften Husten, meist ohne Auswurf; dem Hustenanfalle folgte eine tönende, erschwerte Inspiration. Der Patient musste sich bei den Anfällen ganz ruhig halten, jede Bewegung verursachte viel Dyspnoe, Schlucken erregte lebhaftes Angstgefühl. Im Allgemeinen glichen die Anfälle denen des 1. Kranken und führten auch zuweilen zur Bewusstlosigkeit. In der Ruhe war die Athmung normal; wenn der Patient jedoch sprach, hörte man am Ende jeder Inspiration ein kleines Geräusch, das an das Schnaufen der Pferde erinnerte. Die laryngoskopische Untersuchung zeigte eine Parese der Inspiratoren. Die einander sehr genäherten Stimmbänder umschrieben eine unregelmässige Ellipse. Wurden sie berührt, so erfolgte ein Anfall.
(Krishaber. Annales des mal. de l'oreille, du larynx etc. VI. 5. p. 249. 1880.)

Tabische Larynx-Krisen. Die 37jährige Patientin war seit 1871 krank. Die Krankheit hatte mit Oculomotoriuslähmung begonnen, 1875 waren die lancinirenden Schmerzen erschienen und die Beine schwach geworden; bald danach gastrische Krisen, im Erbrechen bestehend, Einschlafen der Hände und der rechten Gesichtshälfte, Supraorbitalisneuralgie rechts, Ataxie, endlich Larynxkrisen. Die Kranke empfand im Larynx das Gefühl eines fremden Körpers, hustete trocken und saccadirt, dann inspiratorisches Schnaufen. Dyspnöe und Schnaufen dauerten von einigen Minuten bis zu einigen Stunden. Die Anfälle wiederholten sich oft Schlag auf Schlag, besonders Nachts. Gehen rief sie in der Regel hervor. Die Spiegeluntersuchung ergab nichts. Es kamen bei der Patientin ausser den häufigen leichten auch schwere Anfälle vor. Bei diesen trat Bewusstlosigkeit ein, dazu kamen Krämpfe der linken Glieder, Drehung des Kopfes nach rechts, der Augen nach links, Schaum auf den Lippen, unfreiwillige Harnentleerung. Nach 10 Minuten endete der Anfall plötzlich. Unabhängig von den Larynxkrisen traten seit 4—5 Jahren auch Anfälle von Ohrenschwindel ein.

(Krishaber. Annales des mal. de l'oreille, du larynx etc. VI. 5. p. 249. 1880.)

Kehlkopf-Krisen und -Lähmung bei Tabes. Der an ausgeprägter Tabes leidende Kranke hatte früher an heftigen Magenanfällen und Ohnmachtanfällen gelitten. Erst später waren „eigenthümliche Erstickungsanfälle" eingetreten. Diese glichen bald dem Laryngismus stridulus, bald dem Keuchhusten, nur selten ging das Bewusstsein verloren. Die Untersuchung des Kehlkopfes ergab damals nichts Abnormes. Nach einigen Jahren waren alle Beschwerden schlimmer geworden. Die Stimme war rauh, heiser, schlug leicht in das Falset über. Bei tiefer Einathmung hörte man ein Stridorgeräusch und der Kr. gerieth leicht in Dyspnöe. Die früheren „Erstickungsanfälle" bestanden fort. Im Schlafe sollte der Kranke zuweilen tönend inspiriren, zuweilen wie ein Hund bellen. Es fand sich Parese beider Mm. crico—arytaenoidei post., sowie des rechten M. thyreoarytaenoideus. Der Kranke hatte zeitweise leichte Schlingbeschwerden. Ein Druck auf die Gegend des Innenrandes des M. sternocleidomast., zwischen diesem und dem Kehlkopf machte dem Kranken einen lebhaften Schmerz. Die Pulsfrequenz schwankte zwischen 86 und 100. Zeitweise fielen 6—8 Schläge ganz aus und gleichzeitig traten Schwindel und Ohnmachtgefühl auf.

(H. Oppenheim. Berliner klin. Wochenschr. XXII. 4. 1885.)

Magen- und Kehlkopfkrisen bei Tabes. Eine Tabes-Kranke litt seit lange an gastrischen Krisen, ehe die Kehlkopferscheinungen auftraten. Die Hustenanfälle begannen damit, dass die Kranke sich ängstlich im Bett aufrichtete, über ein kochendes Gefühl in der Magengegend klagte, das in den Hals aufsteige und ihr Beklemmung verursache. Dann hörte man ein ächzendes oder kreischendes Inspirationgeräusch, dem eine kurze Athempause und dann heftiger mit Würgebewegungen verbundener Husten folgten. Zuweilen kam es zum Erbrechen. Der Anfall dauerte 5—10 Minuten, wiederholte sich sehr häufig, trat manchmal gemeinsam mit den Magenanfällen, gewöhnlich abwechselnd mit diesen auf. Ausserdem fand man: Anästhesie im Bereiche beider Trigemini, sehr quälenden Speichelfluss, leichte Schlingbeschwerden, Stomatitis ulcerosa, wiederholt Herpes labialis, Schwindelanfälle. Die Kranke war zeitweise somnolent und athmete 6—8 mal in der Minute, war zeitweise heiser, selbst aphonisch, auch beim Sprechen traten inspiratorische Schluchzlaute auf. Druck am Innenrande der Sternocleidomast. war sehr schmerzhaft. Der Tod trat in einem Erstickungsanfalle ein.

Bei der anatomischen Untersuchung fand sich, ausser grauer Degeneration der Hinterstränge, Degeneration zahlreicher Fasern im Vagusstamme, bez. im N. recurrens. Am Vagus-Accessoriuskerne sah Oppenheim nichts Abnormes.

(H. Oppenheim. Berliner klin. Wochenschr. XXII. 4. 1885.)

Kehlkopfschwindel (Ictus laryngeus) bei Tabes. Der 38jährige Kr., der vor 14 Jahren syphilitisch geworden war, war im Februar 1693 von einer Lawine verschüttet worden. Einige Wochen später trat Doppeltsehen ein und der Kr. bemerkte, dass seine Augen zitterten. Im August Heiserkeit, im Winter Kehlkopfkrisen und grosse Reizbarkeit des Schlundes, so dass oft Erbrechen eintrat. Dann Schwindelanfälle, denen Kitzeln im Kehlkopf vorausging und bei denen der Kranke, ohne das Bewusstsein zu verlieren, zu Boden fiel. Nur zweimal war für 10 Minuten Bewusstlosigkeit mit starker Cyanose eingetreten. Doppelseitige Abductorenlähmung bei normaler Empfindlichkeit des Kehlkopfes. Die Augäpfel waren fortwährend in zuckenden seitlichen Bewegungen: Abducenslähmung rechts, Abducensparese links.

(H. Schlesinger. Wiener klin. Wochenschr. 26. 27. 1894.)

Schlundkrampf bei Tabes. Ein 62jähriger Schuhmacher litt seit 20 Jahren an Tabes, besonders an unerträglich heftigen Schmerzen. Er klagte auch über Stechen im Schlunde. Durch 8 Suspensionen wurden die Schmerzen soweit beseitigt, dass der Kranke befriedigt abging. Nach 4 Tagen kam er in einem jämmerlichen Zustande zurück, mit bleichem verzerrtem Gesichte. Seit 3 Tagen hatte er äusserst schmerzhaften Schlundkrampf, der ihn am Essen und Trinken hinderte und in die höchste Angst versetzte. Die geringste Berührung des Schlundes, durch einen Tropfen Wasser oder dergl. steigerte den Krampf sehr und brachte den Kranken zur Verzweiflung. Er wurde suspendirt, sofort wich der Krampf und kehrte nicht zurück. Nach Monaten klagte der Kranke zwar wieder etwas über lancinirende Schmerzen, aber am Schlunde war nichts Besonderes zu bemerken.

(J. Courmont. Revue de Méd. XIV. p. 801. 1894.)

Tabische Magenkrisen; Zahnausfall. Die Kranke war vor 3 Jahren plötzlich mit schleimigem, reichlichem, fast täglichem Erbrechen erkrankt, das zur Zeit noch bestand. Ausfallen der oberen Zähne mit Elimination kleiner Sequester. Nach dem Erbrechen brennender Durst. Das Erbrechen wiederholte sich zur Zeit mit mehrtägigen Zwischenzeiten, die Kranke erbrach dann in 24 Stunden 10—12 Liter wässriger Flüssigkeit, die keinen Harnstoff enthielt. Zugleich bestanden Schmerzen im Epigastrium, Druckempfindlichkeit der Vagusgegend, Palpitationen, Athemnoth. An den andern Tagen klagte die Kranke über heftige Schmerzen in den Gliedern. Die Magenkrisen wurden immer häufiger und heftiger. Die Urinabsonderung war gering; die Kranke ging nur alle paar Wochen zu Stuhle. Tod an Tuberkulose.

Entartung der slender column in der Oblongata, der sog. hinteren Pyramiden und aller als sensorisch geltenden Fasern, der Trigeminuswurzeln und -Kerne. Typische Degeneration der Hinterstränge.

(C. S. Putnam. Thèse de Paris, 1883.)

Urethra-Krisen bei Tabes. Ein 29jähriger Mann, der mit 26 Jahren Syphilis gehabt hatte und dem Alkoholismus verfallen war, litt seit 3 Tagen an Urinbeschwerden. Nach Entleerung der Blase durch Katheterismus dauerten die Schmerzen an und verschwanden erst nach einigen Tagen von selbst. Solche Anfälle waren seit mehreren Monaten öfter aufgetreten. Der überaus heftige Schmerz nahm das Hypogastrium ein, strahlte längs der Urethra aus, als ob Nadeln diese durchbohrten, erstreckte sich auch auf den Damm und die Innenseite der Schenkel. Dabei Ischurie und Obstipation. Fehlen des Kniephänomens. Keine weitern Symptome. Ein Jahr später waren die Krisen auch von Magenschmerzen und Erbrechen begleitet. Es bestand etwas Anästhesie der Fusssohlen und Unsicherheit des Ganges. Auf dem Rücken gerichtete Aetherzerstäubungen erleichterten den Patienten sehr.

(Queudot. Des crises douloureuses, qui peuvent se montrer sur les voies urinaires et dans les organes génitaux au cours de l'ataxie locomotrice. Thèse de Paris, 1882.)

Urethra-Krisen mit Hämaturie bei Tabes. Ein 41jähriger Mann litt seit 10 Jahren an lancinirenden Schmerzen, seit 2 Jahren an Ataxie. Er zeigte im Hôtel Dieu starke Ataxie der Beine und des rechten Arms, gute Kraft, keine Sehnenphänomene, unregelmässig verbreitete Anästhesie, lebhafte Schmerzen, doppelseitige Opticusatrophie, Miosis, Lähmung des Rectus int. sinister. An Stelle des früheren Gürtelgefühls war die Empfindung einer Barre zwischen den Schulterblättern getreten. Die frühere Sphinkterenläsion besserte sich, der Patient konnte wieder willkürlich uriniren und hatte keine unfreiwilligen Stühle mehr. Im September 1881 erwachte der Patient in einer Nacht plötzlich mit unwiderstehlichem Harndrange, konnte indessen unter lebhaften Urethra-Schmerzen nur wenige Tropfen entleeren. Der Anfall dauerte 1—2 Minuten, kehrte nach $1/4$—$1/2$ Stunde zurück; die ganze Krise dauerte 10—12 Stunden. Bei ihrem Ende flossen aus der Harnröhre einige Tropfen Blut und der Harn war den ganzen Tag über blutig. Die Krisen wiederholten sich in etwa 8tägigen Zwischenzeiten, sie schlossen sich meist an stärkere Anfälle lancinirender Schmerzen an, hartnäckige Verstopfung ging ihnen voraus. Die Schmerzen in der Urethra wurden durch die aufrechte Stellung vermehrt, durch Morphiuminjectionen etwas vermindert. In den Zwischenzeiten war die Miction normal, der Harn war nicht krankhaft verändert.

(Raymond et Oulmont. Gaz. de Paris, Nr. 40. 1881.)

Tabische Clitoris-Krisen. Die zur Zeit 43jährige Patientin zeigte ausgeprägte Ataxie und starke Sensibilitätstörungen, Blasenschwäche, Magenanfälle, Keuchhustenanfälle, Gürtelgefühl und intensive lancinirende Schmerzen. Sie hatte 1870 begonnen, mit der Maschine zu nähen, und hatte dabei durch die Bewegungen der Schenkel wollüstige Empfindungen bekommen, die denen beim Coitus ähnlich, von Orgasmus und Absonderung begleitet waren. Ihnen folgten peinliche Magenbeschwerden. Im Jahre 1871 gab die Kranke ihre Beschäftigung auf und sie befand sich in den nächsten Jahren wohl, bis auf die beschriebenen Anfälle, die alle 8—14 Tage unerwartet eintraten, obwohl die Patientin nie mit der Maschine nähte. Sie begann mit einem Gefühle des Kitzels in der Vagina, das sich rasch bis zur Clitoris erstreckte und letztere sich erigiren liess. Bald darauf folgte der Orgasmus wie bei einem Coitus. Auch jetzt folgten Magenbeschwerden. Die Patientin lebte zu dieser Zeit in ehelichem Verkehre. Im Jahre 1874 traten schnürende Schmerzen und Kribbeln in den Füssen auf, denen bald der erste heftige Anfall lancinirender Schmerzen folgte. 1878 begann die Ataxie, 1882 traten zuerst die Keuchhustenanfälle auf. Während der ganzen Jahre, von 1874—1883, kehrten die wollüstigen Anfälle mit den oben beschriebenen Eigenthümlichkeiten regelmässig wieder. Auch zur Zeit traten sie alle 2—3 Monate auf und wurden von der Kranken besonders gefürchtet, da sie stets heftigen Schmerzanfällen vorausgingen.

(A. Pitres. Progrès méd. XII. 37. 1884.)

Tabische Gelenkerkrankung. B. (Hortense), 68 Jahre alt, seit 10 Jahren in der Salpêtrière. Ihr Vater litt lange Zeit an heftigen Schmerzen in den Beinen. Sie erkrankte mit 17 Jahren an lancinirenden Schmerzen, zuerst in den Beinen, später auch in den Armen. Dann Gürtelschmerzen und gastrische Krisen ohne Erbrechen, endlich Blasen- und Mastdarmkrisen. Letztere bestanden in brennenden Schmerzen, als ob die Theile mit glühendem Eisen berührt würden. Im Jahre 1865 Beginn der Ataxie und zugleich Krachen im linken Knie; 1871 war das Gelenk derart deformirt, dass die Patientin nicht mehr gehen konnte. Später erkrankten die linke Schulter mit 50 Jahren, die rechte Schulter mit 57 die rechte Hüfte mit 60, das rechte Kiefergelenk mit 67 Jahren.

Bei der Vorstellung war die Patientin des Gebrauches sowohl der Beine als der Arme beraubt, sie hatte in beiden lancinirende Schmerzen von mässiger Heftigkeit, mit Pausen von 2—3 Tagen, fast täglich brennende Analschmerzen, beim Uriniren lebhafte Schmerzen in der Harnröhre, Verlangsamung der Empfindung an den Beinen, keine Hautanästhesie mit Ausnahme einer handtellergrossen unempfindlichen Stelle am linken Beine; Anästhesie der tiefen Theile, intermittirende Diplopie und Ohrensausen mit zeitweiligem Schwindel. Die Gelenke waren in folgendem Zustande: am linken Knie Luxation der Tibia nach hinten, starke Usur beider Gelenkenden, Kniescheibe bis auf Reste geschwunden, beide Hüftgelenke sehr beweglich mit lautem Krachen und Crepitationgefühl, rechts Luxation des Femur nach hinten oben mit Usur des Kopfes, subclaviculare Luxation des linken Humerus, Schwund des Kopfes und der Pfanne, starke Schwellung der linken Schulter und subacromiale Luxation, grosse Beweglichkeit und Krachen im rechten Kiefergelenke. Zeitweise nicht bedeutende Schmerzen in den Gelenken.

(J. M. Charcot. Gaz. des hôp. 148. 150. 1880.)

Tabische Gelenkerkrankung. Ein 53jähriger Droschkenkutscher wurde im Januar 1875 aufgenommen. Früher gesund hatte er 1861 3—4 Monate lang an Doppeltsehen gelitten. Um Weihnachten 1868 schwollen das rechte Knie und der Unterschenkel an, indessen war die Geschwulst ganz schmerzlos, so dass der Patient in seiner Thätigkeit nicht gestört wurde. Am 3. Tage knickte das Bein plötzlich ein; das Knie war verrenkt, die Kniescheibe nach innen verschoben. Nach Zurückbringung der letztern bemerkte der Kranke lose harte Stücke nach aussen von ihr im Gelenk. Nie war die Haut geröthet, nie bestand Schmerzhaftigkeit. Vor seinem Gelenkleiden wollte der Patient nur kalte Füsse und etwas Gefühlsmangel derselben gehabt haben. Nach Anlegung einer Blechschiene konnte er wieder gehen und that Dienst bis zum November 1874. Doch hatte er seit 1869 Schmerzen in beiden Beinen, als ob er bald da, bald dort gestochen würde. Das Taubheitgefühl in den Sohlen nahm zu. Im Jahre 1873 blieben die Erectionen aus und 1874 ging der Urin öfter in's Bett

Bei der Aufnahme bestanden: starke Ataxie der Beine, bedeutende Störung des Muskelgefühls (beides stärker rechts), Verminderung des Tastsinns, Hyperalgesie mit zeitweiliger Verlangsamung der Schmerzempfindung und der Reflexe, bedeutende Störung des Druck- und Temperatursinns, unwillkürliche Zuckungen, Fehlen des Kniephänomens. Genu valgum, starke Auftreibung des rechten Kniegelenks mit etwas Hydrarthros, beträchtlicher Verdickung der Knochenenden, abnorm grosser Beweglichkeit. Auch links Genu valgum und Vergrösserung des Condylus internus.

Die Section ergab Degeneration der Hinterstränge in der ganzen Länge des Markes. Am rechten Knie fand man: Verdickung und Dilatation der Gelenkkapsel, gelbbraune Flüssigkeit in der Gelenkhöhle, neben dem Cond. ext. fem. 4—5 erbsen- bis taubeneigrosse, durch dünne fibröse Stränge verbundene knochenharte Körper, an den Stellen stärkern Druckes weitgehende Usuren, an andern Stellen Exkrescenzen der Knochen, an den Ansatzstellen der Gelenkkapsel fingerdicke Knorpelauswüchse.

(C. Westphal. Berliner klin. Wochenschrift. XVIII. 29. 1881.)

Ungewöhnliche Form der tabischen Gelenkerkrankung. Bei einem 52 jährigen russischen Capitän mit ausgebildeter Tabes war über Nacht eine faustgrosse schmerzlose Geschwulst des linken Ellenbogengelenks aufgetreten, ohne Röthung der Haut mit starker Cropitation. Die Geschwulst enthielt Flüssigkeit und durch diese hindurch fühlte man mehrere erbsen- bis haselnussgrosse, frei bewegliche Körper. Der Condylus ext. humeri erschien als vergrössert. Im linken Schultergelenke leichtes Knarren. Bald zeigten auch die zweiten Phalangealgelenke der linken Finger Anschwellung; 14 Tage später Anschwellung der linken Hand, die Haut des Handrückens war geröthet und schmerzhaft, im Handgelenke fühlte man leichte Crepitation; 2 Monate später ziehendes Gefühl auf der Beugeseite des Handgelenks und Anschwellung mit Röthung daselbst; wieder einige Monate später trat unter einem Gefühle „von Blutwallungen nach dem Kopfe" und unter Schmerzen in Fuss- und Handgelenken eine Anschwellung der rechten Hand ein mit Oedem von den Basalphalangen bis gegen den Ellenbogen und mit Röthung der Haut, aber ohne Schmerzhäftigkeit. Der Patient fühlte, „als wenn Blut flösse" vom Nacken herab in die Oberarme. Diese Erscheinungen schwanden nach einiger Zeit, doch trat wieder an der Volarfläche der 1. Phalanx des 3. und 4. linken Fingers eine schmerzlose Anschwellung ein. Der Patient verliess dann die Behandlung.

(C. Westphal. Berliner klin. Wochenschr. XVIII. 29. 1881.)

Tabische Erkrankung beider Hüftgelenke. Der im Jahre 1873 31 jährige Patient hatte 1866 viele Bivouaks mitgemacht, seine Fussschweisse verloren, Ataxie und Anästhesie der Beine erworben. Im Jahre 1871 traten nach Anstrengung Schmerzen im Hüftgelenke und Anschwellung bis zum Knie herab rechts, nach acht Tagen auch links ein. Die Anschwellung ging bald zurück, die Schmerzhaftigkeit blieb längere Zeit.

Die Untersuchung ergab typische Tabes. Starke Lordose der Lendenwirbelsäule, Tiefstand der Spinae il. ant., Hochstand der Trochanteren. Im Jahre 1874 wurde der Patient geisteskrank aufgenommen: Schwachsinn mit Aufregung, Hallucinationen, Zerreissen, Kothschmieren. Plötzlicher Tod.

Die Sektion ergab ausser der Degeneration der Hinterstränge „chronische Arthritis deformans" mit Spontanluxation beider Hüftgelenke. Das ganze Becken hatte bedeutend zugenommen an Grösse, Dicke und Schwere, Bänder, Knorpel und Knochen waren verdickt. Der Pfannenrand war erniedrigt, zum Theil geschwunden, der Knorpel zerstört. Nach oben aussen von der Pfanne eine halbmondförmige, derb höckrige Exostose mit einer Schlifffläche. Das obere Ende des Femur bildete einen unregelmässig höckrigen Knollen; Caput und Collum waren zerstört, an Stelle des letzteren fand sich eine glatte Schlifffläche. Auch die Kapsel war in hohem Grade verändert und enthielt viele Gelenkkörper. Am Becken fanden sich mehrere starke und lange Exostosen.

(O. Kraemer. Diss. inaug. Erlangen, 1880.)

Bruch des Unterkiefers und verschiedene Ernährungstörungen bei Tabes. Der 39jährige Weber M. trat am 20. Mai 1868 in das Hospital zu Rouen ein. Er hatte den Feldzug in der Krim mitgemacht und damals viel von der Kälte gelitten. Vor 5 Jahren Kopfschmerzen und Diplopie; Schwäche und Crampi der Beine. Bald auch lancinirende Schmerzen in den Beinen und dem Rücken, Gürtelschmerz, Störungen der Blase und des Darmes, der Geschlechtsthätigkeit. Die Ataxie der Beine hatte rasch zugenommen und seit 2 Jahren war das Gehen unmöglich.

Im Jahre 1870 Caries der rechten grossen Zehe, bald auch der linken.

Im Jahre 1871 Amblyopie, Diplopie, Ungleichheit der Pupillen, Ataxie der Arme, Anästhesie der Beine mit Hypästhesie der tiefen Theile. Im Laufe des Jahres entwickelte sich an Händen und Unterschenkeln beträchtliche Muskelatrophie. Verdickung des ersten Metacarpusknochens. Hartnäckige Verdauungstörungen. Allmähliche Verschlimmerung fast aller Erscheinungen. Der Kranke musste seine Füsse stets in Watte packen, da schon der Druck der Bettdecke tiefgehende Ulcerationen bewirkte. Lockerwerden der Zähne. Erstickungsanfälle.

Im Jahre 1876 machte die Atrophie Fortschritte. Das Ende der rechten Ulna war stark verdickt, im Handgelenke hörte man Krachen. Atrophie der Pectorales und Halsmuskeln. Als der Patient einmal ein Stück Kandis-Zucker zerbeissen wollte, hörte er ein Knacken im Kiefer, fühlte aber keinen Schmerz. Man fand eine Fraktur des Unterkiefers am 1. rechten Molarzahn. Starke Schwellung. Nach einigen Wochen Durchbruch stinkenden Eiters durch das Zahnfleisch, Ausstossung eines 2 cm langen, kleinfingerdicken Sequesters, dem 3 kleinere Splitter folgten. Die Zähne auf der kranken Seite fielen ohne Schmerz aus. Es bildete sich am Kiefer ein fibröser Callus, eine feste Verbindung der Knochenenden trat nicht ein.

Im Jahre 1881 war der Zustand wesentlich im Gleichen. Anästhesie und Atrophie der Glieder waren noch stärker geworden.

(A. Ancelin, Thèse de Paris, 1881.)

Spondylolisthesis bei Tabes. Ein 35jähriger Bäcker, der zur gewöhnlichen Zeit gehen gelernt, sich geistig und körperlich normal entwickelt, nie eine Verletzung der Wirbelsäule erlitten hatte, klagte seit 12 Jahren über Schmerzen in den Beinen, Parästhesieen, vorübergehendes Doppeltsehen. Im Jahre 1882 war der Kranke mit dem linken Beine 3 Treppenstufen hinabgeglitten und wollte dabei deutlich ein Knacken in der Lendenwirbelsäule gefühlt haben, hatte jedoch weiter gehen und arbeiten können. Drei Monate später schleudernder unsicherer Gang und Neigung, nach links zu fallen.

In der Charité fand man typische Tabes. Auffallende Herabsetzung der Periostsensibilität. Der Gang war ataktisch und watschelnd zugleich. Es be-

stand eine Spondylolisthesis des 5. Lendenwirbels, d. h. typischer Lendensattel, Lordose der Regio lumbalis, prolabirter und etwas herabgeglittener 5. Lendenwirbelkörper, gesteigerte Concavität der frontalen Kreuzbeinfläche.
(G. Krönig. Ztschr. f. klin. Med. VII. Suppl.-Heft, p. 165. 1884.)

Wirbelerkrankung bei Tabes. 54jähriger Postschaffner. 1866 rheumatisches Ziehen in den Beinen. 1871 Parästhesieen im ganzen Körper, besonders aber in der Lendengegend. 1877 beim Heben eines Sackes heftiges, aber schnell vorübergehendes Schmerzgefühl im Kreuze. 1881 Ataxie und Neigung vornüberzufallen, die 1882 beim Ueberschreiten eines Strassendammes plötzlich sich steigerte und seitdem häufig mit einem Gefühle von Uebersprigen der Wirbelknochen verbunden war.

Reflectorische Pupillenstarre. Schwanken bei Augenschluss. Sehr heftige lancinirende Schmerzen in Beinen, Armen, Gesicht. Aehnliche Schmerzen in Rectum und Urethra. Gürtelgefühl. Magen-Anfälle. Stimmbandlähmung. Starke Anästhesie. Fehlen des Kniephänomens. Mässige Ataxie. Mit Bewusstseinsverlust verbundene spasmodische Zuckungen der Glieder und des Rumpfes. Beträchtliche Deformation der Wirbelsäule: Rumpf nach vorn und links geneigt, Querfalten der Bauchhaut, Skoliose der Lendenwirbelsäule nach links mit compensirender Beugung im Brusttheile, Kyphose des Lendentheils mit Lordose im unteren Brusttheile, im Liegen in der Tiefe des Bauches ein scharfkantiger harter rauher Körper (Bandscheibe zwischen 5. Lendenwirbel und Kreuzbein).
(Krönig. Zeitschr. f. klin. Med. XIV. 1 u. 2. p. 51. 1888.)

Tabesfuss. Weibliche Kranke. Heirath mit 20 Jahren. Abortus. Ausschlag in der Genitalgegend und im Gesicht. Defluvium capillorum. Die nächsten Kinder starben bald nach der Geburt. Mit 28 Jahren Beginn der Tabes. In den letzten 4 Jahren rasche Entwicklung der Krankheit unter heftigen Gemüthsbewegungen. Mit 33 Jahren Niederkunft. Vier Monate später Anschwellung des linken Knies, 1 Jahr später Deformation des rechten Fusses ohne stärkere Schmerzen. Im Jahre 1882 bestand abnorme Beweglichkeit beider Kniegelenke, rechts Verdickung des untern Femurendes. Am rechten Fusse war der Metatarsus nach aussen abgewichen, so dass das Tarso-Metatarsalgelenk die Spitze eines stumpfen Winkels bildete. Nahezu alle Tarsusknochen schienen deform und verdickt zu sein. Pes planus. Die Nägel beider Füsse waren verunstaltet. Beide Beine waren elephantiastisch verdickt.
(J. M. Charcot et Chr. Féré. Arch. de Neurol. VI. 18. p. 305. 1883.)

Tabesfuss; mehrfache Gelenkerkrankung. Der Kranke, der seit 1870 an lancinirenden Schmerzen litt, hatte schon im 1. Krankheitjahre eine Spontanluxation des rechten Hüftgelenks erlitten. Nach 4 Jahren Deformation des rechten Knies und beider Füsse. Erst 1879 begann die Ataxie und trat Mal perforant ein. Im Jahre 1883 starb der Kranke an Tuberkulose. Bei der Sektion fand sich an Stelle des rechten Hüftgelenks eine Höhle mit knöchernen Wänden, innerhalb deren sich die atrophische Epiphyse des Femur befand. Unterhalb des Trochanter minus umgab die Diaphyse eine enorme unregelmässige Knochenwucherung. Die Kondylen waren verdickt, hatten aber ihre Form bewahrt und bestanden aus sehr brüchiger weicher Spongiosa, ebenso das Caput tibiae. Beide Fusswurzeln waren gänzlich deformirt, die aufgetriebenen unformlichen Knochen waren von ödematösem Gewebe umgeben, zum Theil unter einander verschmolzen, in der Hauptsache aus brüchiger Spongiosa bestehend.
(Boyer. Revue de Méd. IV. 6. p. 287. 1884.)

Amputation wegen Tabesfusses. Dem Kranken war vor einigen Jahren wegen eines Mal perforant der rechte Unterschenkel abgenommen worden. Auch links hatte ein Mal perforant an der Wurzel der grossen Zehe bestanden. Es war aber, während die Arthropathie sich entwickelte, abgeheilt. Der Mittelfuss und die Fusswurzel waren stark geschwollen, die Fusswölbung ausgeglichen, der Unterschenkel im oberen Theile verdünnt. Die Haut über den kranken Theilen war geröthet, wärmer als die übrige Haut und stark verdünnt. Der geschwollene Fuss und der Unterschenkel waren hart wie Holz. Auch die Knöchel schienen stark verdickt zu sein. Anästhesie des Fusses. Es wurde die Amputation des Unterschenkels im oberen Drittel ausgeführt und es trat vollständige Heilung der Wunde ein.

Die Untersuchung des Fusses ergab, dass die Unterschenkelknochen unverändert waren, die Art. tib. post. stark verkalkt, der N. tib. post. anscheinend unverändert, die Muskeln an der Hinterseite des Unterschenkels verfärbt, weisslich, unter dem Messer knirschend, die Fusswurzelknochen usurirt, zum Theil zerbrochen, die bindegewebigen Theile verdickt, die Muskeln des Fusses entfärbt und verhärtet, die Articulatio metatarso-phalangea der grossen Zehe durch Knorpelschwund und Usur zerstört. Die mikroskopische Untersuchung der Nerven liess keine Degeneration erkennen, die der Muskeln zeigte „une sclérose vulgaire".

(Tuffier et Chipault. Arch. gén. 7. S. XXIV. p. 385. Oct. 1889.)

Zerreissung der Achillessehne bei Tabes. Ein 59jähriger Mann, der vor 17 Jahren syphilitisch geworden, vor etwa 2 Jahren mit Parästhesieen in Füssen und Unterschenkeln, mässigen lancinirenden Schmerzen, Urinträufeln, Darmschwäche, Gürtelgefühl, Unsicherheit der Beine erkrankt war, hatte vor 3 Wochen beim Umdrehen auf der Strasse ein „Wirbeln" an der Hinterfläche des linken Unterschenkels gespürt und hatte seitdem nicht mehr gehen können.

Es fand sich ausser typischer Tabes mit Ataxie am linken Fusse eine sichtbare Vertiefung in der Gegend der Achillessehne und man fühlte eine Grube an Stelle der sonst straffen Sehne. Der Fuss stand in mittlerer Dorsalflexion, die linke Ferse 4—5 cm tiefer als die rechte. Bei Gehversuchen schleuderte der linke Fuss stärker als der rechte und traf den Boden mit der hinteren Fläche der Ferse.

Der Kranke lernte wieder gehen und es bildete sich zwischen den beiden spindelförmigen Sehnenenden ein dünneres glattes Zwischenstück.

(J. Hoffmann. Berliner klin. Wochenschr. XXII. 12. 1885.)

Zerreissung der Quadricepssehne bei Tabes, Arthropathieen und Muskelschwund. Der Patient hatte sich 1869 inficirt (Penisgeschwür, Hautausschlag, Angina) und wurde mit Schmierkur behandelt. Danach Wohlbefinden, 2 gesunde Kinder, kein Abortus der Frau. Etwa 1883 „Rheumatismus" im Rücken und den Beinen, der seitdem öfters wiederkehrte. Im Mai 1887 typische Tabes mit geringer Ataxie, aber heftigen lancinirenden Schmerzen. 1889 Abducenslähmung, erst links, dann auch rechts; 1891 Arthropathie beider Fussgelenke, die trotz der zunehmenden Ataxie fast vollkommen zurückging. Auch ein Mal perforant der rechten Ferse verheilte nach etwa 3monatigem Bestehen mit fester Narbe. 1892 Arthropathie des rechten Kniegelenks. Bald darauf riss bei einem leichten Fehltritte an dem bis dahin anscheinend ganz gesunden linken Knie die Quadricepssehne von der Kniescheibe ab. Nachdem der geringe Bluterguss verschwunden war, zeigte sich die Patella etwas nach abwärts verschoben, der contrahirte Muskelbauch des Quadriceps war nach oben gerutscht; in der zwischen beiden befindlichen, etwa 12 cm langen Lücke war der Schenkelknochen dicht unter der Haut mit voller Deutlichkeit abzutasten. Lokale Schmerzhaftigkeit bestand niemals, der Gang war bei Benutzung einer elastischen Kniekappe nicht schlechter als vor dem Unfalle. 1893 Neuralgie in beiden Ulnares, Atrophie der Kleinfingerballen und der Interossei beiderseits; complete Radialis-Lähmung rechts. Ausser Hand- und Fingerstreckern war der Supinator longus gelähmt, der Triceps nicht. Die gelähmten Muskeln waren in hohem Grade atrophisch. 1894 brandiger Decubitus und Tod. Der Zustand des linken Beines hatte sich bis zum Tode nicht verändert.

(Nach H. Schmidt. Neurologische Beiträge. III. p. 147. 1895.)

Knieerkrankung mit starkem Oedem; Erkrankung der peripherischen Nervenfasern. Eine 39jährige Schneiderin litt seit 11 Jahren an nagenden Schmerzen der Lendengegend und Wirbelsäule, die anfallsweise, mit verschiedenen Intervallen, auftraten. Fast gleichzeitig waren die Beine schwach geworden und waren in ihnen blitzende und schnürende Schmerzen eingetreten. Seit 8 Jahren hatte sich die Krankheit beträchtlich verschlimmert. Im Hospital fand man starke Ataxie der Beine, Schwanken bei Augenschluss. Das linke Bein war seit 6 Monaten von der Hüfte bis zu den Knöcheln geschwollen, die Haut war blass, verdickt, hart. Die Schwellung war langsam entstanden und bald mehr, bald weniger stark gewesen. Zugleich war das Kniegelenk verdickt, der Unterschenkel konnte nach allen Richtungen hin übermässig leicht bewegt werden, die Patella war abgehoben. Schmerz und Krachen bestanden nicht. Die Sensibilität der Haut war ziemlich gut erhalten, das Gefühl der tiefen Theile aber sehr gering. Das Kniephänomen konnte links nicht untersucht werden. Rechts trat bald gar keine Bewegung ein, bald eine rasche Streckung des Unterschenkels, jetzt in anscheinend normaler Weise, jetzt 2—3 Sekunden dauernder Tetanus. Oft war im Beginne der Untersuchung die Bewegung sehr heftig, nach einigen Minuten aber blieb der Unterschenkel bewegungslos trotz starkem Klopfen. Applicirte man einen heissen oder kalten Schwamm der Streckseite des Schenkels, so trat eine brüske Streckung ein, auch dann, wenn Klopfen der Sehne nichts bewirkte (Pseudokniephänomen?). Schliesslich bestanden Miosis und Blasenstörung. Nach $1/2$ Jahre starb die Kranke an Tuberkulose.

Das linke Kniegelenk enthielt etwas Flüssigkeit. Die Synovialis war geröthet und verdickt, der Knorpel erweicht und sammetartig, doch der Knochen nicht bloss gelegt. Die Gelenkfläche der Tibia war verunstaltet und mit einigen Wucherungen besetzt. Im Rückenmarke typische Hinterstrangdegeneration und starke Verdickung der hintern Pia. Die Ischiadici wurden herauspräparirt, sie waren im Niveau der Glutäen geröthet und ödematös, weiterhin anscheinend normal. Mikroskopisch fand sich im rechten Ischiadicus nichts Abnormes, der linke dagegen enthielt eine Anzahl degenerirter Fasern, ebenso befanden sich in dem zum linken Knie gehenden Aste und den benachbarten Muskelzweigen neben normalen Fasern viele theils ganz atrophische, theils in Degeneration begriffene Fasern.

(Pitres et Vaillard. Arch. de Neurol. V. 15. p. 299. 1883.)

Mal perforant, Gelenkerkrankung, Nägelabfall, Entartung der peripherischen Nerven. Ein 45jähriger Mann war mit

37 Jahren ohne Schmerzen von einem Mal perforant befallen worden, das 4 Jahre bestand und schliesslich die Amputation der grossen Zehe nöthig machte. Seit Auftreten des Mal perforant litt er an lancinirenden, anfallsweise auftretenden Schmerzen beider Beine, bald auch an Anfällen von unstillbarem Erbrechen. Seit 1½ Jahren schmerzhaftes Kribbeln in den Fingern. Eines Tages wurde der rechte Zeigefinger roth und geschwollen; als die Schwellung vorüber war, bestand übermässige Beweglichkeit in dem verunstalteten Metacarpophalangealgelenke. Ende 1881 am rechten Zehenballen Mal perforant, das nach 2 Monaten heilte. Seitdem Ataxie. Zeichen von Tuberkulose. Man fand ausser fortgeschrittener Phthise die typischen Zeichen der Tabes. Der rechte Zeigefinger konnte schmerzlos luxirt werden, dabei bestand leichtes Krachen zwischen den verdickten Gelenkenden. Die Haut über dem Gelenke war der Sitz schmerzhaften Kribbelns, das in geringerem Grade in allen Fingern bestand. Auf dem Handrücken leichte Anästhesie. Verschmächtigung des Daumenballens. Der Nagel der linken grossen Zehe war deformirt, er war während des Mal perforant schmerzlos abgefallen. Auch der kleine Zehennagel war difform, eines Tages entfernte ihn der Kranke ohne Mühe noch Schmerz. Die Füsse waren etwas anästhetisch. Stiche erregten nur schwache Empfindung, aber schmerzhafte Nachempfindung. In der Nähe der Narben vom Mal perforant, auf dem Rücken der 1. und 5. linken Zehe, der 3. rechten Zehe bestand complete Anästhesie.

Bei der Section fand man Degeneration der Hinterstränge. Die hintern Wurzeln der Dorsalregion waren grau und durchscheinend, alle peripherischen Nerven erschienen als gesund. Mikroskopische Untersuchung: Medianus und Radialis dext. oberhalb des Ellenbogens waren ganz normal, bei Zerfaserung und auf Querschnitten entdeckte man nicht eine atrophische Faser. Der Dorsalast des Radialis aber am Vorderarme enthielt in der Mehrzahl atrophische Fasern neben völlig gesunden und sehr wenig degenerirenden. Entsprechende Veränderungen fanden sich an allen Nerven der rechten Hand, am stärksten in den Nerven des Zeigefingers; je näher der Peripherie, um so grösser war die Zahl der atrophischen Fasern. Der N. plantaris int. dext., in der Nähe der Amputationnarbe, war schwer aus seiner Umgebung loszulösen, seine Fasern waren total atrophisch bis auf wenige normale und degenerirende. Auch die Nerven der 2. Zehe waren degenerirt. Im N. tibialis war die Mehrzahl der Fasern normal. Links waren die Verhältnisse ähnlich. Von den hintern Wurzeln wurden 2 aus der Dorsalgegend, 2 aus der Lendengegend untersucht, jene waren fast gänzlich aus atrophischen Fasern zusammengesetzt, diese enthielten zwar nicht mit Markscheide versehene Fasern, aber das Myelin war unregelmässig, meist in Blöcke zerfallen, hier und da sah man Bündel leerer Nervenröhren. Die vordern Wurzeln waren gänzlich normal.

(Pitros et Vaillard. Arch. de Neurol. VI. 17. p. 180. 1883.)

Mal perforant bei Tabes. Ein 52jähriger Kaufmann, der seit 15 Jahren an lancinirenden Schmerzen litt, wurde im Februar 1880 plötzlich ataktisch. Wenige Tage später empfand er an der Aussenseite der rechten kleinen Zehe brennende Schmerzen. Die Stelle schwoll an, wurde roth und es bildete sich eine Perforation von der Grösse eines 5-Centimesstückes, aus der blutiges Serum floss; 14 Tage später trat dieselbe Erkrankung links auf. Heilung nach 6 Wochen. Der Patient bot später das Bild der typischen Tabes.

(Hanot. Arch. de Physiol. etr. 2. Sér. VII. p. 157. Janv.-Févr. 1881.)

Mal perforant bei Tabes. Der Patient hatte an der Plantarfläche der linken grossen Zehe ein Ulcus von der Grösse eines 50-Centimes-Stückes. Oberhalb desselben war eine kleine alte Narbe, entsprechend einem früheren Ulcus, aus dem Knochenstücke abgegangen waren. Die grosse Zehe war geröthet, schwitzend, die Sensibilität der Planta schien links etwas stumpfer zu sein als rechts, doch war dies nicht deutlich. Im Jahre 1869 hatte Patient Syphilis gehabt, war nicht behandelt worden. Er war Kellner gewesen und hatte viel stehen müssen; 1876 bekam er angeblich ein phlegmonöses Erysipel beider Unterschenkel, besonders des linken. Die Sensibilität war damals unversehrt; 1877 empfand er eines Tages beim Gehen einen heftigen Schmerz unter der linken grossen Zehe, fand aber an dieser Stelle nur eine Schwiele. Bald darauf bildete sich ein Ulcus und etwas später traten heftige lancinirende Schmerzen in den beiden Beinen ein. Nachdem der Patient 5—6 Monate sein Geschwür vernachlässigt hatte, ging er in das Hospital, wo jenes in 2 Monaten durch Ruhe und Kataplasmen geheilt wurde. Die Blitzschmerzen und das Gürtelgefühl bestanden fort; 1878 wurde der Gang unsicher; 1879 trat das 2. Ulcus ein. Die Sensibilität war auch jetzt nicht wesentlich beeinträchtigt, nur war die Wahrnehmung etwas verspätet und der Patient war im Dunkeln über die Lage seiner Füsse unsicher. Kein Kniephänomen. Obstipation und Urinretention.

(E. Fayard. Thèse de Paris, 1882.)

Mal perforant bei Tabes. Ein 30jähriger Vergolder hatte sich 1868 inficirt, machte 1870/1871 den Feldzug mit und erkrankte einige Jahre später an Mal perforant. Es bildeten sich an den Plantarflächen der basalen Phalangen beider grossen Zehen (in deren Mitte) oberhalb schwielig verdickter Epidermisstellen stets weiter nach oben hin um sich greifende Verschwärungen. Unter passender Behandlung war das rechtseitige Geschwür vernarbt, das andere bestand zur Zeit noch. Berührungen des Geschwürs oder seiner Umgebung wurden richtig empfunden, doch war bei Stichen die Schmerzempfindung um 1 Sekunde verspätet.

Ausserdem bestanden zur Zeit verminderte Gehfähigkeit, schwankender, unsicherer Gang, Schwanken bei Augenschluss, zeitweise durchschiessende Schmerzen in den Beinen, die Schmerzempfindlichkeit der Füsse war etwas vermindert, das Kniephänomen fehlte, die Pupillen waren ungleich und reagirten langsam. Der Patient wollte zeitweise an Zufällen, die seiner Beschreibung nach Crises gastriques waren, und an Störungen der Harnentleerung gelitten haben. Er gab mit Bestimmtheit an, dass er 1880 von den Tabesbeschwerden noch frei gewesen sei.

(M. Bernhardt. Centr. Bl. f. Chir. 42. 1881.)

Mal perforant an beiden Händen bei einem Tabischen. 26jähriger Kutscher. 1879 Syphilis. Schon in den nächsten Jahren zahlreiche tabische Symptome. 1884 Schrunden an den Fingerkuppen, aus denen Geschwüre wurden. Diese heilten bei Ruhe, brachen aber wieder auf, sobald der Kranke arbeitete. 1885 an den meisten Fingern runde oder längliche Ulcera mit den charakteristischen Erscheinungen des Mal perforant. Diese nahmen meist die Fingerkuppen ein, einige fanden sich auch auf der Dorsalseite. Die letzte Phalanx des rechten Goldfingers und die des linken Zeigefingers waren verkrüppelt. Auf dem Rücken der rechten Hand ein grosser, abschilfernder rother Fleck.

Mehrere ähnliche Flecke auf dem Vorderarme. Auf die Finger beschränkte Anästhesie. Leichte Schwellung und Eingeschlafensein der Hände. Lancinirende Schmerzen in den Armen. Keine Ataxie der letzteren. Im Hospital vernarbten die Ulcera zum Theile rasch. Doch ohne ersichtliche Veranlassung bildeten sich einige neue. Die Oberhaut wurde als mit blutigem Serum gefüllte Blase abgehoben. Nach 3—4 Tagen war das Mal perforant fertig.

(Ménétrier. Annales de Dermatol. etc. VII. 1. 1886.)

Abfallen der Nägel und Zahnausfall bei Tabes. Ein 43jähriger Mann, der seit 12 Jahren tabeskrank war, hatte 2mal, mit 2 Jahren Zwischenzeit, den Nagel der rechten grossen Zehe verloren, 1mal den der rechten kleinen Zehe und den des rechten Zeigefingers. Immer ging eine Ekchymose unter dem Nagel dem Abfallen voraus. Die andern Nägel waren hart und brüchig. Seit 4 Jahren waren die Zähne cariös. Etwa 10 Backzähne waren ausgefallen, sie wurden schwarz, hohl, brüchig und fielen schmerzlos aus. Nur das Zahnfleisch war empfindlich. Zugleich bestand heftiger blitzartiger Schmerz, der vom Ohrläppchen gegen die Kiefer zu ausstrahlte.

(H. Bonieux. Thèse de Paris, 1883.)

Tabische Hyperidrosis, Hautblutungen, Abfallen der Nägel. Ein 43jähriger Mann litt seit 13 Jahren an lancinirenden Schmerzen, die zuerst die Beine, dann die Arme, schliesslich den Kopf ergriffen hatten und denen Ekchymosen und andere Hautaffektionen folgten.

Zur Zeit bestand typische Tabes. Die Schmerzen durchschossen beide Beine mit grosser Heftigkeit. Mit jedem Schmerzanfalle waren ein reichlicher Schweissausbruch und die Bildung von Sudamina verbunden, gelegentlich folgten Ekchymosen. Am Kopfe waren besonders Hinterkopf und Schläfe Sitz der Schmerzen, ausserdem war bald ein Ohr ergriffen und bestanden Schwindel und Ohrensausen, bald schien eine Eisenstange von einem Ohre zum andern durch den Kopf gestossen zu werden. Die Zähne waren zerbröckelt und schmerzlos ausgefallen. Die Zehennägel waren zum Theile mehrmals abgefallen und durch dünne Neubildungen ersetzt worden, die noch vorhandenen alten Nägel waren hart und brüchig.

Nach jeder Mahlzeit trat ein intensives Schwitzen der rechten Kopf- und Halshälfte auf. Unter leichter Röthung und objektiv nachweisbarer Erwärmung der Haut perlten reichliche Schweisstropfen über die rechte Gesichtshälfte. Eine Veränderung der Pupille war dabei nicht wahrzunehmen.

(Raymond et Arthaud. Revue de Méd. IV. p. 414. 1884.)

Hyperidrosis der Füsse bei Tabes. Ein 33jähriger Mann erwachte vor 1 Jahre mit Kribbeln der Füsse. Diese und die untere Hälfte der Unterschenkel waren geröthet und mit Schweisstropfen bedeckt. Später Achromatopsie, Ataxie, lancinirende Schmerzen in den Füssen, Kribbeln in der linken Hand und Lähmung der Strecker der 3 letzten Finger. Im Hospital zeigten die Füsse und die untern Abschnitte der Unterschenkel eine carminrothe, bald diffuse, bald fleckige, selten ganz verschwindende Färbung, waren fortwährend mit wasserhellen Schweisströpfchen bedeckt, dabei kühl, nicht druckempfindlich. Die Nägel der grossen Zehe waren verdickt, verunstaltet; Kitzeln u. s. w. der Füsse erregte heftige Reflexbewegungen. Das Kniephä-

nomen war deutlich, bald fehlte es. Opticusatrophie. Die Lähmung der linken Fingerstrecker schwand, im Uebrigen blieb der Zustand im Gleichen.
(A. Pitres. Journ. de Méd. de Bordeaux. Janvier 1884.)

Ungewöhnliche Entwickelung. Halbseitiges Schwitzen nach sauren Speisen u. s. w. Ein 38jähriger Mann war seit 5 Jahren an Ataxie des rechten Armes erkrankt, die vom kleinen Finger ausgegangen und seit 4 Jahren stationär war. Der Arm war bis zum Ellenbogen ohne Tast- und Schmerzempfindung, hatte nur leidliches Temperaturgefühl. Ausserdem bestand sehr lebhafte, wesentlich auf die rechte Kopfhälfte beschränkte Schweisssekretion mit leichter Röthung und Temperaturerhöhung derselben Gesichtshälfte. Während des Schwitzens bestand Miosis dextra. Als Reize zum Schwitzen erschienen körperliche Anstrengungen, faradische Reizung des Gesichts, ganz besonders aber saure Speisen, z. B. Mostrich. Seit einigen Monaten bemerkte der Patient auch eine mässige Unsicherheit des Ganges im Dunkeln. Er schwankte bei Augenschluss und zeigte leichte Anomalien der Schmerzempfindung der rechten Fusssohle, zuweilen auch Incongruenz der Berührungs- und Schmerzempfindung. Beiderseits fehlte das Kniephänomen. Von anderweiten Beschwerden war nur eine seit Kurzem aufgetretene leichte Erschwerung der Harnentleerung und eine ziemlich stetig vermehrte Pulsfrequenz zu erwähnen.

Von ätiologischem Interesse war, dass vor 12 Jahren ein Ulcus durum mit nachfolgenden Kopfschorfen und Rachengeschwüren vorausgegangen war; Erscheinungen, die ihrer Zeit mit subcutanen Sublimatinjektionen behandelt worden waren. Zur Zeit der Untersuchung fanden sich nur einige geschwollene Lymphdrüsen. Der Patient war verheirathet und Vater zweier angeblich gesunder Kinder.
(E. Remak. Berl. klin. Wochenschr. XVII. 22. 1880.)

Ichthyosis bei Tabes. Eine 52jährige Tabeskranke litt an lancinirenden Schmerzen der Hände und der Dorsalseite der Vorderarme. Hier bestand Hyperästhesie gegen Kälte und Stiche, taktile Anästhesie. An denselben Stellen war die Haut ichthyotisch, sie war geröthet, trocken, mit Schuppen bedeckt, sehr beweglich, faltig, wie zu weit. Aehnlich waren die Verhältnisse an den Beinen. Die Nägel waren längsgestreift und verdickt. Von den Fusssohlen liess sich die Epidermis in Fetzen abziehen, dieselben sahen wie Schildkrötenfüsse aus.
(G. Ballet et A. Dutil. Progrès méd. XI. 20. p. 379. 1883.)

Ichthyosis bei Tabes. Ein 40jähr. Tabes-Kranker hatte im rechten Arme lancinirende Schmerzen, dieser war im höchsten Grade hyperästhetisch. Berührungen mit einem Federbarte, mit einem Taschentuche waren schmerzhaft; die Nägel konnte sich der Kranke wegen der Schmerzhaftigkeit nicht schneiden. Mit einem andauerndem Gefühle innerlichen Brennens combinirte sich ein intensives Frostgefühl. Die hyperästhetischen Theile waren geröthet und ichthyotisch wie im I. Falle. Die Nägel waren gestreift, trocken, brüchig. Der linke Arm war in jeder Beziehung ganz normal. An den Füssen bestanden ähnliche Störungen wie an der rechten Hand, d. h. Schmerzen, Hyperästhesie und Ichthyosis.
(G. Ballet et A. Dutil. Progrès méd. XI. 20. p. 379. 1883.)

Hautblutungen bei Tabes. 34jähriger Mann. Tabes seit 6 Jahren. Heftige lancinirende Schmerzen in den Beinen. Ataxie seit 2 Jahren. Lancinirende Schmerzen in den Armen und Gürtelschmerz seit 4 Monaten. Oft traten beim Verschwinden der Schmerzanfälle auf der Haut der Glieder Ekchymosen auf, die durchaus den traumatischen glichen, aber ohne jedes Trauma entstanden, von Linsen- bis Fünfmarkstückgrösse waren und unter Farbenwechsel in 5—6 Tagen verschwanden. Nur nach heftigen Schmerzen erschienen sie und ihre Grösse war etwa proportional der der Schmerzen. Oefter befanden sie sich oberhalb des Punktes des heftigsten Schmerzes.

(Strauss. Archives de Neurologie 4. 1881.)

Wiederkehrender Herpes bei Tabes. Ein 36jähriger Mann, (1863) litt an Magen- und Gesichtstörungen. Im Jahre 1860 hatte er einen Anfall „rheumatischer" Schmerzen in den Beinen gehabt, an den sich Ikterus und langdauernde Schlaflosigkeit angeschlossen hatten. Im Jahre 1861 trat der erste Herpesanfall ein, und zwar auf der rechten Hinterbacke. In den nächsten Jahren 4—5 Eruptionen, meist nur eine Gruppe von Bläschen, die bis auf leichtes Brennen schmerzlos waren. Im Jahre 1863 traten im rechten Beine Schmerzanfälle auf. Allmählich hatte sich erst rechts, dann links beträchtliche Amblyopie mit Gesichtsfeldbeschränkung und Farbenblindheit entwickelt, der Atrophie der Papille entsprach. Häufige Pollutionen störten den Patienten. Im Jahre 1867 traten Schmerzen und Herpes in den Vordergrund. Der Schmerz überfiel in der Nacht den Patienten, und mit ihm oder kurz nach ihm kam der Herpes, jener trat bald da, bald dort im Gebiete des Ischiadicus auf, dieser fand sich immer auf der rechten Hinterbacke. Die Schmerzen hielten in der Regel an, bis die Blasen abheilten. Alle 4—6 Wochen trat ein neuer Anfall ein. Der Patient gab an, dass er als jüngerer Mann öfter an Herpes praeputialis gelitten habe. Im Jahre 1872 wurden die Anfälle häufiger und heftiger und blieben so bis 1879; 1874 bis 1876 dagegen war eine fast schmerz- und herpesfreie Periode (ohne dass der Patient zur Zeit behandelt worden wäre). Im Jahre 1876 wurden die Anfälle wieder häufiger. Seit 1873 zeigten sich die Herpeseruptionen auch in der linken Glutäalgegend und am linken Beine. Die Haut des Gesässes war nicht anästhetisch, überhaupt war überall die Sensibilität erhalten. Die Beine waren etwas schwächer als früher, aber nicht ataktisch. Das Kniephänomen fehlte. Bis 1882 hatte Patient etwa 200—250 Herpesanfälle gehabt.

(Th. Buzzard. Clinical lectures, p. 166. 1881.)

Halbseitiger Zungenschwund bei Tabes. Kr. ein 35jähriger Mann, war seit 8 Jahren tabeskrank. Ausser den typischen Erscheinungen bestanden Atrophie der Arme, besonders der kleinen Handmuskeln, Atrophie des Sacrolumbalis und rechtseitige Hemiatrophie der Zunge. Deren Spitze wich nach rechts ab und zitterte, die rechte Hälfte war tief gefurcht und bildete eine Art von Anhang der linken, auf ihr sah man fibrilläre Zuckungen. Geschmackstörungen schienen nicht vorhanden zu sein. Sprechen und Schlucken ging ohne wesentliche Behinderung von Statten. In der rechten Gesichtshälfte empfand der Kranke Eingeschlafensein und eine Art „Schauer", gelegentlich kleine Stiche. Objektive Sensibilitätstörungen bestanden im Gesichte nicht.

(G. Ballet. Arch. de Neurol. VII. 20. p. 191. 1884.)

Umschriebener Muskelschwund bei Tabes. Ein 40jährig. Schuhmacher, der vor 13 Jahren Syphilis gehabt hatte und seit einigen Jahren an rheumatischen Schmerzen in den Beinen litt, kam am 24. März 1887 zu mir.

Der Kranke hatte 1885 linksseitige Abducenslähmung gehabt, gegen die Dr. Schoen eine antisyphilitische Behandlung angewendet hatte.

Im Jahre 1886 war nach Angabe des Collegen Schoen linksseitige Trochlearislähmung aufgetreten, war die linke Pupille erweitert worden, hatten an beiden Unterarmen anästhetische Stellen bestanden. Die Trochlearislähmung war bei antisyphilitischer Behandlung verschwunden, aber im Beginne des Jahres 1887 wiedergekehrt.

Zur Zeit bestand links Trochlearisparese, die linke Pupille war weiter als die rechte, beide Pupillen waren reflectorisch starr. Der Kranke klagte über Schwere und Schwäche der Beine. Die Libido fehlte. Blasenstörung bestand angeblich nicht. Das Kniephänomen fehlte links, war rechts sehr schwach.

Am 31. Mai kam der Kranke von Neuem und klagte über Schwäche der rechten Hand. Der rechte Daumenballen (äussere Hälfte) war deutlich atrophisch, in geringerem Grade war auch der rechte M. inteross. ext. primus betroffen. Bei der elektrischen Untersuchung fand sich im Daumenballen partielle Entartungsreaction (mit indirecter Zuckungsträgheit), im Inteross. prim. herabgesetzte Erregbarkeit. Sensibilitätsstörungen bestanden an der rechten Hand nicht. Dagegen klagte der Kranke über Taubheitsgefühl und Prickeln im 2., 3. und 4. Finger der linken Hand. Langsame, aber deutliche Besserung bei elektrischer Behandlung.

Dieser Patient bekam später auch eine Parese des rechten Cucullaris mit Atrophie und partieller Entartungsreaction, die nach 6 Monaten wieder verschwand. Von der Lähmung des Handmuskeln ist nur mässige Schwäche mit entsprechender Atrophie zurückgeblieben. Im Uebrigen war die Tabes im Jahre 1894 unverändert.

(E. B. Neurologische Beiträge III. p. 143. 1895.)

Radialislähmung bei Tabes. a) Ein 55jähriger Kellner kam wegen einer seit 3 Tagen bestehenden Lähmung der linken Hand in die Leipziger Poliklinik. Der Kranke erzählte, er habe ruhig am Tische gesessen und die Zeitung gelesen, die er mit der linken Hand frei gehalten habe. Plötzlich sei ihm das Zeitungsblatt aus der Hand gefallen und die Hand sei gelähmt gewesen. Alle vom linken N. radialis versorgten Muskeln, mit Ausnahme der Triceps, der nur schwach war, waren gelähmt. Die elektrische Erregbarkeit war normal. Sensibilitätsstörungen bestanden am linken Arme nicht.

Die Pupillen waren reflectorisch starr, Füsse und Unterschenkel etwas anästhetisch, das Kniephänomen fehlte, es bestand Blasenschwäche und der Kranke litt seit Jahren an reissenden Schmerzen in den Beinen.

Nach 4 Wochen war die Radialislähmung verschwunden.

b) Der 53jährige Kranke, der seit 1870 an lancinirenden Schmerzen litt, klagte 1886 über Schwäche der Beine, Incontinenz der Blase und des Darms, zeitweise über Doppeltsehen. Es bestand keine Pupillenstarre; das Kniephänomen fehlte; die Bewegungen der Beine waren in mässigem Grade atactisch; die Fusssohlen waren anästhetisch; Andeutungen von Ataxie fanden sich auch an den Armen. Am 24. November 1886 kam der Kranke mit einer rechtsseitigen Radialislähmung in die Poliklinik. Er sei in der Nacht aufgestanden, um aus der Stube zu gehen und zu uriniren, und habe mit der ganz gut beweglichen Hand stark auf die Thürklinke gedrückt. Dabei habe er ein eigenthümliches Gefühl im Handgelenke empfunden und die Hand sei gelähmt herabgesunken. Die Lähmung glich vollständig den gewöhnlichen Drucklähmungen, Anästhesie der Hand bestand nicht. In den nächsten Wochen entwickelte sich partielle Entartungsreaction der gelähmten Muskeln. Nach etwa 2 Monaten war die Lähmung verschwunden.

c) Der Kranke, ein 42jähriger Lehrer, hatte 1880 Syphilis (Ulcus, Hautausschlag, Halsgeschwüre) gehabt. Seit 2 Jahren reissende Schmerzen in Armen und Beinen, Blasenbeschwerden, Impotenz, Unsicherheit im Dunkeln, rasches Ermüden bei jeder Thätigkeit. Die Untersuchung ergab reflectorische Pupillenstarre, Fehlen des Kniephänomens rechts, Schwanken bei Augenschluss, leichte Anästhesie der tiefen Theile an Beinen und Armen. Der Kranke hatte in 2 Jahren 30 Pfund verloren und fühlte sich immer sehr müde. Kam er nach Hause, so schlief er oft im Sitzen ein. So war es ihm vor 6 Tagen gegangen, er war am Tische sitzend mit einem Buche in der Hand eingeschlafen und hatte etwa 1 Stunde lang geschlafen. Als er erwachte, war ihm das Buch aus der Hand gefallen, die linke Hand stützte den Kopf in Streckstellung, der linke Ellenbogen war aufgestützt. Die ganze linke Hand war unempfindlich und kaum beweglich. Nach etwa 2 Stunden war die Empfindlichkeit wieder ganz normal, aber der Kranke blieb unfähig, die Hand zu strecken. Seitdem allmähliche Besserung. Ich fand eine Parese aller Radialismuskeln links (mit Ausnahme des Triceps) ohne wesentliche Veränderung der elektrischen Erregbarkeit (d. h. die faradische Erregbarkeit des Nerven war etwas vermindert, die galvanische Nerven- und Muskelerregbarkeit normal, der Nerv überall erregbar). Die Muskeln waren nicht druckempfindlich. Heilung trat in 4 Wochen ein.

(E. B. Neurologische Beiträge. III. p 141. 1895.)

Peripherische Nervenerkrankung bei Tabes. Entwickelte Tabes. Vollständige Ataxie der Beine, die Gehen und Stehen unmöglich machte. Geringere Ataxie der Arme. Grosse Abmagerung der Muskeln. Verlust der Sehnenphänomene. Kehlkopfkrisen. Flecke von Anästhesie und Analgesie auf der Haut der Glieder und des Rumpfes. Verlangsamung der Empfindung. Vollständige Blindheit. Allgemeines Atherom. Insufficienz der Aortenklappen mit Stenose des Ostium und Erweiterung des Aortenbogens. Tod.

Sklerose der Papille, des Nervus und Tractus opticus. Sklerose der Hinterstränge bis zum Calamus. Atrophie der Vago-Accessoriuswurzeln. Verdickung der Pia spin. posterior. Ausgeprägte Atrophie sämmtlicher hinteren Wurzeln. Integrität der vordern Wurzeln. Atrophie des Vago-Accessoriuskerns. Beträchtliche Veränderungen an den Nerven der Haut der Unterschenkel im Bereiche des Saphenus internus. Vollkommene Unversehrtheit der hintern Wurzeln unterhalb des Gangl. spin. und der gemischten Stämme in der Lendengegend, der Spinalganglien ebenda und in der Cervikalgegend.

Die Anästhesie war bei der 54jährigen Kranken besonders an der Innenseite der Unterschenkel intensiv gewesen. Die Zweige des Saphenus int. sahen deutlich grau aus. Nach Behandlung mit Osmiumsäure und Färbung mit Pikrocarmin erkannte man, dass sich nur hier und da noch eine Faser von normalem Aussehen fand, die meisten bestanden aus den leeren Schwann'schen Scheiden, einzelne waren noch im Process des Zerfalls. Das Zwischengewebe war nicht verändert. In ganz derselben Weise waren die hintern Wurzeln zwischen Rückenmark und Spinalganglion entartet. Dagegen waren die Ganglien selbst und die Nerven unterhalb derselben durchaus normal. Im Lendenmarke waren die ganzen Hinterstränge in derbes fibrilläres Gewebe verwandelt, mit Ausnahme

der nächsten Umgebung der hintern Commissur. Im Dorsalmarke war auch letzteres Feld nicht verschont. Im Halsmarke waren die äussern Abschnitte der Burdach'schen Stränge relativ normal. Soweit die Degeneration reichte, waren die Gefässe verdickt und erweitert. In der Oblongata Degeneration der meisten Zellen des Vago-Accessoriuskerns, Integrität der übrigen Kerne.
(J. Dejerine. Arch. de Physiol. etr. XV. 5. p. 72. Juillet, 1883.)

Tabes mit Entartung peripherischer Nerven. 50jähriger Mann. Im Jahre 1874 Schmerzen im rechten Schultergelenke, Parästhesieen und Schwäche im rechten Arme, bald darauf auch Taubheitgefühl im 4. und 5. Finger der linken Hand. 1878 dazu Blasenbeschwerden, in den folgenden Jahren Parästhesieen in den Beinen, unsicherer Gang, Gürtelgefühl, sexuelle Schwäche. Aufnahme im Jahre 1881. Springende Pupillen mit eigenthümlicher Inconstanz der Lichtreaction, Hyperidrosis der rechten Gesichtshälfte, Verringerung des Schmerzgefühls in der rechten Gesichtshälfte. Starke Beeinträchtigung der Sensibilität an beiden Armen in allen Qualitäten, anfangs besonders an der Ulnarseite, später rechts allgemein verbreitet, ebenso Ataxie der Arme, die im Laufe der Beobachtung stärker wurde. Anästhesie am Rumpfe von der 3. Rippe nach abwärts. Fehlen des Kniephänomens. Beträchtliche Ataxie der Beine ohne Schwäche. Sensibilitätstörung hier anfangs gering, später höhere Grade erreichend (Analgesie, verlangsamte Empfindungsleitung, perverse Temperaturempfindung). In den letzten Lebensjahren Tuberkulose. Tod im Jahre 1885. Befund: Tabes dorsalis, Cystitis diphtherica, Pyelonephritis, Phthisis pulmonum, Enteritis tuberculosa u. s. w. Mikroskopisch: Graue Degeneration der Hinterstränge, Atrophie der rechten, in geringerem Grade der linken aufsteigenden Quintuswurzel. — Degeneration einzelner Hautnerven, besonders des rechten Ulnaris, eines Intercostalis u. s. w.
(H. Oppenheim u. E. Siemerling. Archiv f. Psychiatrie u. N. VIII. 1. p. 98. 1887.)

Polyneuritis bei Tabes. Im Jahre 1892 wurde mir von Herrn Dr. Plant ein 33jähriger jüdischer Kaufmann zugeschickt. Er hatte vor 6 Jahren Syphilis gehabt, litt seit 2½ Jahren an lancinirenden Schmerzen und geringer Blasenstörung. Vor mehreren Monaten hatte eine Zeit lang Doppeltsehen bestanden. Die Pupillen waren reflectorisch starr, das Kniephänomen fehlte. Der Kranke war im Uebrigen ein Mann von anscheinend blühender Gesundheit mit sehr kräftiger Muskulatur.

Ein Jahr später trat nach einer kurzen fieberhaften Erkrankung, die als Influenza-Anfall gedeutet wurde, eine rasche Verschlimmerung ein. Das Uebel begann damit, dass die Beine schwach wurden und der Gang watschelnd wurde, wie bei Lähmung des Glutaeus medius. Die Untersuchung ergab allgemeine Paraparese, stärkere Schädigung der Strecker, ausgesprochene Lähmung der Glutäen, keine deutliche Anästhesie. In wenig Wochen wurde der Kranke bettlägerig, wurden auch die Arme paretisch (mit vorwiegender Streckerbetheiligung), magerten die Muskeln in hohem Grade ab. Es wurde die beträchtliche Herabsetzung der faradischen Erregbarkeit nachgewiesen; mit dem galvanischen Strome konnte nicht untersucht werden. Endlich wurde das eine Stimmband gelähmt und wurde ein eigenthümliches Zurückbleiben der rechten Thoraxhälfte beim Athmen bemerkt, ohne dass an den Athemwerkzeugen etwas Krankhaftes nachzuweisen gewesen wäre. (Dieses Symptom hat Chvostek im Neurol.

Centr.-Bl. XII. 22. 1893 beschrieben, auch bei seinem Kranken bestand Kehlkopflähmung.)

Nach einigen Monaten begann die Besserung und schritt dann stetig fort. Der Gang wurde ataktisch-paretisch. Auch im Liegen war deutliche Ataxie vorhanden. Geringe Hautanästhesie, stärkere Anästhesie der tiefen Theile. Eine auf Erb's Rath unternommene Schmierkur hatte keinen deutlichen Erfolg. Später bot der Kranke das Bild eines gewöhnlichen Tabes-Kranken, nur überwog im Gehen und bei der direkt darauf gerichteten Untersuchung der Grad der Schwäche den der Ataxie. Die Muskeln waren wieder voller geworden, blieben aber schlaff und verhältnissmässig dünn. Das Zurückbleiben der rechten Thoraxhälfte verschwand, die Stimmbandlähmung nur zum Theile.

(E. B. Neurologische Beiträge III. p. 146. 1895.)

Migräne und Tabes. Frau Sch., Krämers Ehefrau, 44 Jahre alt. Ihr blühender kräftiger Mann betheuerte, nie syphilitisch gewesen zu sein, auch die Frau leugnete. Als sie aber mit mir allein war, brach sie in Thränen aus und erzählte mit der flehentlichen Bitte, sie nicht zu verrathen, dass sie als 18jähr. Mädchen einige Wochen nach einem Beischlafe mit brennenden Schmerzen in den Geschlechtstheilen erkrankt sei. Sie sei zu einem Arzt gegangen, dieser habe sie untersucht, ihr dann in den Mund gesehen, habe einige Wochen lang Pillen und dann noch mehrere Wochen Thee gegeben. Allmählich hätten die Beschwerden aufgehört, doch gingen am Schlusse der Behandlung die Haare aus. Von Ausschlag u. s. w. will die Patientin nichts wissen, doch hat es den Anschein, als ob sie nicht alles sagen wollte. Mit 23 Jahren erkrankte die Patientin an Anfällen heftiger Stirnkopfschmerzen, die mit grosser Uebelkeit und wiederholtem wässerigen Erbrechen verbunden waren. Diese kehrten alle 3 Wochen wieder und bestehen auch jetzt noch. Die Mutter der Patientin, eine gesunde Frau, hat nicht an Migräne gelitten. Mit 32 Jahren heirathete die Patientin und gebar in der Folge 4 gesunde, jetzt noch lebende Kinder. Aber schon im 34. Lebensjahre trat Doppeltsehen auf, das 3 Monate lang anhielt. Vor 7 Jahren nach der schweren, mit starken Blutverlusten verbundenen Geburt des 3. Kindes wurden die Beine der Patientin schwach und unsicher. Von dieser Zeit an datirt die Patientin ihre Krankheit. Die 4. Geburt verlief normal, die Schwäche der Beine aber nahm zu und seit 5 Jahren treten auch Anfälle stechender Schmerzen theils in den Unterschenkeln, theils in der Herzgegend ein. Die Füsse waren damals wie eingeschlafen, wie in Watte gepackt. Doch hat sich diese Störung mit der Zeit wieder verloren. Die Urinentleerung ist normal, nur nach den migräneartigen Anfällen tritt Polyurie ein. Im letzten Jahre sind die Schmerzen in den Beinen sehr heftig gewesen. Die Kranke krümmte sich im Anfalle und schrie laut: „Kinderkriegen ist nichts dagegen." Nach jedem Anfalle waren die Zehen vorübergehend gefühllos. 1876—83 hat die Kranke eine dumpfe Wohnung mit einem feuchten Verkaufsgewölbe gehabt und giebt dieser die Verschlimmerung ihres Zustandes schuld.

Zur Zeit ist die äusserst abgemagerte Frau unfähig zu gehen. Die Bewegungen der Beine sind ataktisch, aber kräftig. Deutliche Anästhesie ist nicht vorhanden. Das Kniephänomen fehlt. Die Pupillen reagiren gegen Licht, die rechte aber ist doppelt so gross als die linke. Herz gesund. Kein Zeichen von Syphilis.

(E. B. Neurologische Beiträge. III. p. 122. 1895.)

Centrales Skotom bei Tabes. Dass die Art der Sehstörung nicht immer zwischen Alkoholneuritis und Tabes zu unterscheiden gestattet, möge die Mittheilung folgender Beobachtung darthun, bei der die augenärztliche Untersuchung von Dr. Stimmel vorgenommen wurde. Ein etwa 40 Jahre alter Mann war vor 14 Jahren syphilitisch geworden, hatte mehrfach sekundäre Erscheinungen, darunter Psoriasis palmaris, gezeigt und hatte auch eine Zeit lang in Venere excedirt. Von Alkoholmissbrauch war nichts zu entdecken. Seit einigen Jahren hatte der Kranke an Anfällen von Flimmerskotom gelitten. Nachdem schon mehrere Monate stechende Schmerzen in den Beinen bestanden, war seit 6 Monaten fortschreitende Sehschwäche aufgetreten. Seit etwa eben so lange bestanden Parästhesieen in den Oberschenkeln und im Ulnarisgebiete beider Hände, hartnäckige Obstipation, Verlust der Libido und Incontinenz, die sich meist früh beim Waschen als Abgang einer kleinen Menge Urin zeigte. Die Untersuchung ergab geringe Ataxie und Anästhesie der Beine, Fehlen des Kniephänomens, reflectorische Pupillenstarre und mässige Miosis, graue Degeneration beider Papillen, absolute Roth- und Grünblindheit, centrales Skotom bei völlig normaler Sehschärfe in der Peripherie des Gesichtsfeldes.

Ehe der Kranke zu mir kam, war er einer Schmier- und Jodkaliumkur, Strychnininjectionen, Galvanisation des Rückens unterworfen worden. Während dieser Kuren hatte die Amblyopie stetig zugenommen. Im weiteren Verlaufe wurde rasch auch das excentrische Sehen mangelhaft und zeigten sich sectorenförmige Defecte im Gesichtsfelde.

(E. B. Neurologische Beiträge III. p. 144. 1895.)

Eigenthümliche Visionen bei Tabes. 55jährige Frau. Seit langen Jahren kinderlos verheirathet. Sie wollte von einer Infection nichts wissen. Die Behandlung wurde dadurch unterbrochen, dass die Kranke wegen Kuppelei verhaftet wurde.

Seit mehreren Jahren lancinirende Schmerzen in den Beinen und Blasenbeschwerden, die sich zeitweise zu Incontinenz steigerten. Seit 3 Jahren zunehmende Sehschwäche.

Rechts Amaurose, links Ausfall der äusseren Hälfte des Gesichtsfeldes. Beiderseits Atrophia N. optici, rechts stärker als links (Dr. Lamhofer). Linkseitige Trigeminushypästhesie. Reaction der Pupillen träge. Kniephänomen schwach. Diese Kranke hatte ein merkwürdiges Symptom. Sie erzählte, dass sie von Zeit zu Zeit Dinge sehe, die nicht da seien. Sie sehe manchmal menschliche Gestalten, besonders aber spielende Hunde und Katzen. Sie konnte die Gruppen der Thiere, deren Grösse und Färbung genau beschreiben. Schloss sie die Augen, so verschwanden die Bilder. In der Regel zeigten diese sich etwas links von der Kranken. Seit etwa 1 Jahre sind sie nicht wiedergekehrt. Niemals hatte sich bei der Kranken eine psychische Störung oder ein sonstiges Symptom der Paralyse finden lassen. Da der Augenspiegelbefund die Hemianopsie nicht erklärt, muss man wohl Veränderungen der Hirnrinde vermuthen, da auf solche auch die eigenthümlichen Hallucinationen leiten.

(E. B. Neurologische Beiträge. III. p. 134. 1895.)

Tabes-Paralyse. Ein 43jähriger, verheiratheter Mann wurde am 24. Juli 1877 aufgenommen. Er hatte stark gelebt, sich in und ausser dem Ehestande geschlechtlich viel bethätigt, war zwar kein Säufer gewesen, hatte aber Wein und Geselligkeit geliebt. Er war in seinem Geschäft sehr eifrig gewesen und hatte, von Natur nicht stark, sich oft überarbeitet. Schon vor langer Zeit hatte sein Arzt bemerkt, dass sein Gang gestört war, so, wie er sich bei der Aufnahme zeigte. Auch hatte der Patient seit langer Zeit über Anfälle reissender Schmerzen in den Beinen geklagt. Die Potenz war nicht gestört gewesen, denn die Frau war bei seiner Aufnahme schwanger. Deutliche Zeichen von Irresein bestanden seit 3 Wochen, aber schon mehrere Monate früher hatte er sich auffallend betragen. Er spekulirte, trank mehr als gewöhnlich, gab sinnlos Geld aus, war ruhelos und hastig. In der letzten Zeit war das Krankhafte seines Betragens bedenklich geworden, er hatte seinem Bruder mit Gift gedroht, da dieser illegitim sei, war roh und heftig gegen Weib und Kind geworden, ebenso in der Oeffentlichkeit, hatte sich sorglos bei Kauf and Verkauf gezeigt, sein Sprechen war unzusammenhängend und er verrieth falsche Vorstellungen über seine Stellung und sein Besitzthum.

Bei der Aufnahme zeigte sich der Patient als mittelgrosser Mann mit gesunden Brustorganen, raschem, vollem und weichem Puls, beiderseits gleichen, mittelengen, etwas unregelmässigen, trägen Pupillen, nach links abweichender, belegter zitternder Zunge, schlaffen Gesichtszügen. Die Sprache war tremulirend, zuweilen häsitirend, beim Sprechen zuckten einzelne Gesichtsmuskeln. Der Gang war ataktisch, die Beine wurden hochgehoben und geschleudert. Die Bewegungen der Hände waren unsicher. Er schwankte bei Augenschluss. Syphititisch wollte er nie gewesen sein, sprach von früheren Schmerzen im Rücken, Schmerzen und Schwäche in den Beinen. Gleich nach der Aufnahme warf er einen Blumentopf durchs Fenster, verlangte 210 000 Lstr. für seine unrechtmässige Festhaltung, renommirte mit seinem ungeheuren Reichthume, mit seinen persönlichen Vorzügen u. s. w. Bald war er aufgeregt, verlangte Freilassung und drohte, bald war er guten Muthes und lächelte. Im weiteren Verlauf wechselte Aufregung mit Depression; der Patient äusserte fortwährend Grössenideen, hatte 30 000 Lstr. Jahreseinnahme, sprach mit Gott, wurde von Engeln besucht, wollte zeitweise nicht essen, schrieb confuse Briefe. Die Sprachstörung wurde deutlicher. Zuweilen bestand Incontinentia vesisae. Das Kniephänomen fehlte. Gelegentlich traten Zuckungen in den Beinen ein. Auf Kneipen der Haut der Beine reagirte er nicht. Die Ataxie war noch stärker als früher. Im Jahre 1880 war die Sprachstörung sehr ausgeprägt, der Patient war ganz fatuös, wusste seinen Namen nicht. Fortwährende Incontinentia vesicae, zuweilen auch alvi. Die Motilität war so gestört, dass er die ganze Zeit in einem Lehnstuhle zubringen musste. Die Beine waren gestreckt, die Oberarme ebenso, die Unterarme pronirt, die Hände gebeugt und abducirt. Die willkürlichen Bewegungen waren von Zuckungen und werfenden Bewegungen begleitet. Solche traten auch in der Ruhe ein. Die Beine waren etwas rigid, Kneipen, passive Bewegungen liessen sie zucken. Der rechte Fuss stand in leichter Talipes-Varus-Stellung, an ihm war jetzt ein mässiger Fussklonus nachzuweisen. Anästhesie und Analgesie der Beine. Die Stimmung war immer zufrieden. Während der letzten 2 Monate lag der Patient dauernd zu Bett. Am 23. December traten Convulsionen ein, der Patient wurde komatös und starb. .

Section. Die Dura cerebri war leicht verdickt und congestionirt. Bulbus und Tractus olfactorius erschienen als atrophisch, die NN. optici verschmächtigt, aber weiss, die anderen Hirnnerven dagegen und die Arterien waren gesund. Die weichen Häute waren hyperämisch und opak auf der convexen Hirnseite. Die Opacität war fleckig, gering über den hinteren Lappen, ihr proportional war das Oedem der Pia. Verklebung auf der Höhe der Gyri, rechts entsprechend den ersten beiden Stirnwindungen, dem aufsteigenden Theile der dritten und einzelnen Stellen der Centralwindungen und der weiter nach hinten gelegenen Windungen, auch links waren die Verklebungen am zahlreichsten über dem Stirnhirne. Die graue Rinde war atrophisch in den frontalen und parietalen Regionen. Die Gehirnmasse war blutreich, schlaff; an den einzelnen Gebilden nichts Wesentliches, nur im 4. Ventrikel war das Ependym verdickt. Die Häute des Rückenmarks waren verdickt, im Zustande chronischer Entzündung. Die Pia war besonders über der hinteren Hälfte des Markes verdickt. Die wohl charakterisirte graue Degeneration und Induration der Hinterstränge war am deutlichsten im Dorsalmarke, wo die ganze Ausdehnung der Hinterstränge degenerirt war; hier waren auch die hinteren Wurzeln grau und indurirt. Eine Betheiligung der Seitenstränge war nicht ersichtlich. Die Degeneration nahm nach oben zu ab und war im Halstheile auf die medianen Abschnitte der Hinterstränge beschränkt. Sie erstreckte sich bis zur Spitze des Calamus scriptorius. Die hinteren Wurzeln erschienen im Halstheile als gesund.

(J. Mickle. Lancet. May 21, 28, 1881.)

Tabes-Paralyse; Beginn mit acuter Ataxie. Ein 37jähr. Conditor, der angeblich bis auf Potatorium gesund gewesen war, hatte eines Morgens bemerkt, dass er nicht aufstehen konnte und Kribbeln in den Füssen hatte. Einige Tage später trat Harnverhaltung ein und der Patient wurde in das Spital getragen. Hier zeigte es sich, dass die Beine nicht gelähmt, aber in hohem Grade ataktisch waren. Mässige Anästhesie der Beine, Pupillenenge ohne Starre, kein Kniephänomen. Allmählich trat Besserung ein, während hier und da Fieber, Schmerzen in den Beinen bestanden. Der Patient wurde nach 8 Monaten mit leicht stampfendem Gange entlassen und hielt sich für ganz gesund. Die nächsten Jahre verliefen gut, aber 4 Jahre nach der 1. Erkrankung wurde der Patient von Neuem eingebracht. Er sah sehr elend aus, machte ganz verworrene Angaben und litt offenbar an paralytischem Blödsinne. Mit Grössenwahn wechselten Depressionszustände. Starke Miosis, leichte Ptosis links, leichte Ataxie der Arme, starke der Beine, beträchtliche Analgesie, kein Kniephänomen Incontinentia vesicae et alvi, frequenter kleiner Puls, über den Lungen reichliche Rasselgeräusche. Nach einigen Wochen starb der Patient.

Die Section ergab Lungenphthise, Atrophie der vordern Abschnitte der Stirnwindungen, graue Degeneration der Hinterstränge. Im obern Halsmarke waren die hintern medialen Theile der Goll'schen Stränge und die sogenannte Wurzelzone degenerirt. Stärker waren diese Veränderungen in der Halsanschwellung, deutlich war hier die Atrophie der Hinterhörner. Im untern Halsmarke und obern Dorsalmarke waren die seitlichen Degenerationstreifen schmaler. Im untern Brustmarke war der mediane Degenerationstreifen verschwunden, die entartete Wurzelzone reichte bis zu den Hinterhörnern. Im Lendenmarke war die Degeneration am stärksten in den mittlern Abschnitten, die vordern und hintern äussern Felder waren frei. Die Atrophie der Hinterhörner war sehr ausgesprochen. Durchgehend war die Zeichnung der Hinterstränge symmetrisch.

(A. Strümpell. Arch. f. Psychiatrie etr. XII. 3 p. 1. 1882.)

Tabes mit progressiver Paralyse bei einem Paranoia-Kranken. Der erblich belastete Kranke hatte schon seit mehreren Jahren ein sonderbares Wesen gezeigt, Verfolgungsungsideen geäussert u. s. w., als er im

38. Jahre mit den Erscheinungen der Tabes erkrankte. In der Anstalt zeigte er die typischen Zeichen dieser Krankheit und der Verrücktheit. Auch während der nächsten 3 Jahre fand sich durchaus kein Symptom der progressiven Paralyse. Später änderte sich das Bild, der Kranke wurde sehr erregt, verfiel für einige Tage in einen Zustand agitirter Benommenheit. Darnach wurde die für Paralyse charakteristische Sprachstörung bemerkt, zeigten sich fibrilläre Zuckungen im Gesichte und änderte sich der psychische Zustand dahin, dass der Kranke sich sehr behaglich fühlte und schwachsinnige Grössenvorstellungen in unmotivirtem Wechsel hervorbrachte. Nachdem längere Zeit das Bild der progressiven Paralyse bestanden hatte, erlag der Kranke. Bei der Section fanden sich am Gehirn die Veränderungen der Paralyse (Atrophie des Gehirns, Verdickung und Oedem der weichen Häute), im Rückenmarke starke graue Degeneration der Hinterstränge.

(W. Sommer. Allg. Zeitschr. f. Psychiatrie. XLII. 4. p. 303. 1886.)

Tabes und circuläres Irresein. Graf O., Militär, 56 Jahre alt, aus neuropathischer Familie, erkrankte mit 16 Jahren zuerst an melancholischer Verstimmung, die zeitweise auftrat bis zum 20. Jahre. Im Jahre 1857 linksseitige Abducenslähmung; 1866 Diplopie und „rheumatoide" Schmerzen, in den nächsten Jahren Unsicherheit beim Gehen; 1870 deutliche Ataxie, Dysurie, Impotenz. Im Herbste desselben Jahres Anfall von Melancholie, die von einzelnen heiteren Tagen unterbrochen, bis zum Frühjahre 1871 dauerte. Daran schloss sich eine „sehr gesunde" Zeit, in der der Patient auffallend erregt war, bis nach 4 Monaten die Melancholie zurückkehrte, ein Wechsel, der sich seitdem öfter wiederholte.

Im Mai 1878, als Müller den Patienten zuerst untersuchte, fand er starke Ataxie, Anästhesie der Füsse, Fehlen der Sehnenreflexe, spinale Miosis. Dabei aussergewöhnliche Lebhaftigkeit und Gesprächigkeit. Der Kranke rühmte seine Gesundheit und machte eine grosse Reihe von Plänen. Er war rastlos beschäftigt mit Visitenmachen und dergleichen. Dabei war der allgemeine Gesundheitzustand trefflich. So blieb der Zustand bis zum 2. August. Die Nacht vom 2.—3. war schlaflos, ebenso die vom 3.—4. August. Am 3. zeigte sich eine deutliche Abnahme der Aktivität, ja am 4. klagte der Patient sogar über Ermüdung und Abgespanntheit. Am 5. war er gedrückt, in sich gekehrt, gab auf Fragen nur langsam Antwort und machte sich Vorwürfe über seine exaltirten Pläne. In den nächsten Tagen Abulie, Taedium vitae, Tentamen suicidii. Opiuminjektionen führten Beruhigung herbei. Ab und zu traten dann heitere Abende, später auch Tage ein, doch schon am nächsten Morgen war die Melancholie wieder da. Nie wurden Wahnideen oder Hallucinationen beobachtet.

(Franz Müller. Centralbl. f. Nervenheilk. III. 4. 1880.)

Inhalt.

	Seite
Einleitung	1
1) Ueber die Zeichen und den Verlauf der Tabes	8
2) Ueber die Anatomie der Tabes . . .	47
3) Ueber die Ursache der Tabes .	53
4) Ueber die Erkennung der Tabes	66
5) Ueber die Prognose der Tabes .	73
6) Ueber die Behandlung der Tabes .	76
7) Sammlung von Beispielen	98

    Symptomenreiche Tabes bei einem Manne 98
    „ „ bei einem Weibe 98
    Typische Tabes bei einem Weibe 99
    Tabes bei einem Kinde 100
    „ mit tertiärer Syphilis 100
    „ mit Syphilis des Rückenmarkes 101
    Anscheinend traumatische Tabes 101
    Anosmie mit anderen Hirnnerven-Symptomen bei Tabes-Paralyse 102
    Ophthalmoplegia exterior bei Tabes 102 u. 103
    Oculomotorius- und Trigeminus-Erkrankung bei Tabes 103
    Tabischer Zahnausfall 105 u. 106
    Speichelfluss bei Tabes 106
    Ohrenschwindel bei Tabes 106 u. 107
    Tabische Larynx-Krisen 107—109
    Kehlkopf-Krisen und -Lähmung bei Tabes 109
    Magen- und Kehlkopf-Krisen bei Tabes 109
    Kehlkopfschwindel (Ictus laryngeus) bei Tabes 110
    Schlundkrampf bei Tabes 110
    Tabische Magenkrisen; Zahnausfall 110
    Urethra-Krisen bei Tabes 111
    „ „ „ mit Hämaturie 111
    Tabische Clitoris-Krisen 111 ,
    Tabische Gelenkerkrankung 112
    Ungewöhnliche Form der tabischen Gelenkerkrankung 113
    Tabische Erkrankung beider Hüftgelenke 113
    Bruch des Unterkiefers und verschiedene Ernährungstörungen bei Tabes 114
    Spondylolisthesis bei Tabes 114
    Wirbelerkrankung bei Tabes 115

Tabesfuss 115
Tabesfuss; mehrfache Gelenkerkrankung 115
Amputation wegen Tabesfusses 116
Zerreissung der Achillessehne bei Tabes 116
Zerreissung der Quadricepssehne bei Tabes, Arthropathieen und Muskelschwund 116
Knieerkrankung mit starkem Oedem; Erkrankung der peripherischen Nervenfasern 117
Mal perforant, Gelenkerkrankung, Nägelabfall, Entartung der peripherischen Nerven 117—119
Mal perforant an beiden Händen bei einem Tabischen 119
Abfallen der Nägel und Zahnausfall bei Tabes 120
Tabische Hyperidrosis, Hautblutungen, Abfallen der Nägel 120
Hyperidrosis der Füsse bei Tabes 120
Ungewöhnliche Entwickelung. Halbseitiges Schwitzen nach sauren Speisen u. s. w. 121
Ichthyosis bei Tabes 121
Hautblutungen bei Tabes 121
Wiederkehrender Herpes bei Tabes 122
Halbseitiger Zungenschwund bei Tabes 122
Umschriebener Muskelschwund bei Tabes 122
Radialislähmung bei Tabes 123
Peripherische Nervenerkrankung bei Tabes 124
Tabes mit Entartung peripherischer Nerven 125
Polyneuritis bei Tabes 125
Migräne und Tabes 126
Eigenthümliche Visionen bei Tabes 127
Tabes-Paralyse 127
Tabes-Paralyse; Beginn mit acuter Ataxie 129
Tabes mit progressiver Paralyse bei einem Paranoia-Kranken 129
Tabes und circuläres Irresein 130